Être parent autrement

Merci à Astrid pour sa confiance et à Catherine qui a accepté de collaborer une nouvelle fois avec moi. Merci à Anne-Marie Siles, à Nathalie Andry et à Nathalie Jallot.*

Et merci, surtout, à mes trois enfants chéris (mon laboratoire d'expérimentation !) et à mon compagnon, un papa prêt à tout essayer, qui assure sur tous les fronts, nous permettant chaque fois de sortir plus forts et plus unis des épreuves de la vie.
Je vous aime.

*Le guide pour soigner mon enfant au naturel, *en collaboration avec Catherine Piraud-Rouet, Nathan 2012.*
Mon bébé mois par mois (0-1 an), *en collaboration avec Catherine Piraud-Rouet, Nathan 2013.*

25, avenue Pierre-de-Coubertin, 75013 Paris
ISBN : 978-2-09-278658-1

Être parent autrement

Communication non violente, écoute des émotions de l'enfant, thérapies douces antistress

Docteur Christine Coquart
Catherine Piraud-Rouet
Anne-Marie Siles

Avec la collaboration de
Nathalie Andry et Nathalie Jallot

Nathan

Sommaire

EN PRÉAMBULE...

J'ai longtemps rêvé de ce livre... depuis que je me suis moi-même donné cette vaste tâche : être une mère non pas parfaite, mais la plus proche possible des besoins de mes enfants, en les guidant vers le meilleur d'eux-mêmes et en les écoutant, sans perdre de vue mon épanouissement de femme, de mère et de compagne ! Toute aide était donc la bienvenue !

Au fil des années, j'ai progressé dans cette voie, d'une part grâce à ma pratique professionnelle – alternative et holistique – mais aussi grâce à de nombreux séminaires, ateliers sur la parentalité et la pleine conscience, enseignements chamaniques et spirituels « modernes ».

J'ai également découvert de près la pédagogie Steiner en y scolarisant mes trois enfants.

Dès lors, j'ai souhaité réunir dans ce livre tous les éléments d'une parentalité « différente », pour une enfance épanouie, à la base d'une vie harmonieuse.

Dr Christine Coquart

Être capable de marcher, sans être celui qui marche.
Être capable de respirer, sans être celui qui respire.
Être capable de s'émouvoir, sans être celui qui est ému.

Extrait d'un enseignement traditionnel hindou

1

La maturation psychique de l'enfant, de 0 à 10 ans

UNE IMMUNITÉ ÉPANOUIE, POUR DES APPRENTISSAGES RÉUSSIS

De bonnes bases pour une bonne évolution

Privilégiez le naturel

Les premières années de vie sont bien remplies ! Outre les nombreux apprentissages qui attendent l'enfant, son corps et ses différents organes s'apparentent à un énorme chantier de construction, qui durera jusqu'à ce qu'ils atteignent leur forme définitive, vers sept ou huit ans (après quoi ils ne feront que croître sans changer d'aspect). Dans cette construction, parmi les organes aux enjeux les plus forts, on compte le cerveau, le tube digestif et le système endocrinien. Ce dernier concerne toutes les glandes, telle la thyroïde, qui sécrètent les hormones et dont l'équilibre joue un rôle fondamental dans la mise en place de tout le reste. Y compris – voire surtout – de la sphère psychique[1].

Le passage par les infections et les maladies infantiles lors de ces premières années est inéluctable et fondateur. Notre société ultra

1. Il existe même une thérapie basée sur l'endocrino-psychologie, initiée en France par le Dr Jean Gautier, qui met l'accent sur le rétablissement de l'équilibre endocrinien pour harmoniser tout le reste du corps.

consommatrice a tendance à nous le faire oublier, mais notre organisme est conçu pour se défendre et se régénérer sans aide extérieure impérative… Nous possédons tous une sorte de système anti-défection, qui permet de nous débarrasser, avant qu'ils soient nocifs, des virus ou bactéries[B1*]. L'intégrité et l'efficacité de ce système de nettoyage et de défense sont donc primordiales !

Les soins naturels, vos premiers alliés contre les maladies infantiles

Homéopathie, phytothérapie, gemmothérapie, micronutrition, ostéopathie ou encore shiatsu offrent toute une palette de solutions pour renforcer les défenses de nos enfants, durant cette période où ils sont à la fois si forts – le potentiel de leur système immunitaire est énorme – et si vulnérables. En effet, leur organisme n'ayant pas encore rencontré l'intégralité des agents pathogènes qui les entourent, chaque contact est potentiellement explosif. Surtout, chaque façon de résoudre la maladie influera sur le déroulement des infections futures.

À la clé, en cas de recours abusif aux médicaments dits « classiques » – à base de composants massivement chimiques –, une accoutumance du corps à ces médicaments est possible. Celui-ci,

* Les appels de note précédés d'un B signalent un renvoi à la bibliographie, en fin d'ouvrage.

dans ce cas, devient de moins en moins résistant aux bactéries et virus.

Tentez de limiter au minimum l'usage de ces médicaments, à commencer par les corticoïdes et les antibiotiques, qui doivent être réservés aux situations sérieuses. Laissez donc la latitude à l'organisme de vos enfants de se sortir des infections seul ou aidé par les remèdes naturels. La première nécessité entraînée par les perturbations des premières années n'est autre que du repos à la maison.

Cette attitude peu interventionniste doit être mise en place le plus tôt possible. Elle implique de faire confiance au potentiel de défense et de récupération de l'organisme des plus jeunes. Bien sûr, il ne s'agit pas d'exclure purement et simplement la consultation chez votre médecin ou pédiatre : celle-ci demeure importante pour vous rassurer et ne prendre aucun risque. De même, les antalgiques, comme le paracétamol, seront bienvenus pour soulager votre enfant rapidement en cas de douleur ou de fièvre.

Le quota de sommeil, premier garant de l'immunité

Le nouveau-né a besoin de dormir entre seize et vingt heures par jour. À 6-9 mois, ce besoin passe à 14 ou 15 heures, réparties entre la nuit et au moins trois siestes, avec l'installation progressive du rythme jour/nuit. À 9-12 mois, le bébé dort 14 heures et fait au moins deux siestes. Puis, vers 15-18 mois, il sommeille encore 13-14 heures et fait une à deux siestes. À 2-3 ans, le bambin sommeille entre 13 et 11 heures et peut encore avoir besoin d'une sieste, besoin qui va disparaître entre 4 et 6 ans. Puis le besoin de sommeil diminue progressivement, pour se stabiliser autour de 9-10 heures par nuit vers 7-8 ans.

De la naissance à 1 an

Privilégiez autant que possible le maternage proximal. On l'appelle ainsi par opposition au maternage distal, celui qui est le plus couramment pratiqué dans nos sociétés occidentales, avec une séparation physique instituée, de nuit comme de jour, entre parents et bébé. Le maternage proximal est une méthode de grande proximité, d'écoute active et de contenance qui rassure, apaise et valorise le bébé. Au fil des mois, il crée un attachement solide, assurant à l'enfant une sécurité intérieure stable.

Un attachement sécure pose en effet les bases d'une identité future harmonieuse. Il est dynamisant et donne une confiance en soi primitive très forte, permettant une découverte sécurisée du monde extérieur. Si l'enfant est rassuré et entouré d'une mère gaie[2], à l'écoute de ses moindres besoins, au moins les trois premiers mois, puis qui l'accompagne ensuite de façon adaptée, son cerveau sera programmé selon ce modèle, plutôt optimiste et confiant. Dans le cas contraire, il mettra en place des anticipations négatives, très vite anxiogènes, qui auront des répercussions durables sur sa façon de considérer le monde extérieur.

Quelques grandes pratiques du maternage…

➔ **Le co-sleeping** (le fait de dormir avec son enfant). S'il est vécu confortablement et conçu de façon à respecter la place de chacun dans le foyer, ce mode de fonctionnement est naturel les premières semaines, voire bien plus longtemps (le fait de décréter que les petits doivent dormir seuls très tôt est surtout un dogme à l'occidentale[3]…).

➔ **Le portage intensif et le « peau à peau ».** Il existe désormais des preuves scientifiques que le contact physique rapproché mère-enfant est très favorable, et ce, sur le long terme[4].

---

2. Bien sûr, il ne s'agit pas d'être gaie tout le temps ou de ne pas s'autoriser à être fatiguée, ni même de pleurer, mais d'une façon d'être en général, qui marquera, à son tour, celle de l'enfant.

3. Attention, toutefois, au moment où, après la phase de différenciation sexuelle (vers trois à cinq ans, cf. p. 44), il est important que l'enfant ait un lit à lui.

4. La technique du « peau à peau », mise en œuvre notamment dans les services de réanimation néonatale pour améliorer le lien entre la mère et l'enfant prématuré, aurait, selon une étude menée par des chercheurs israéliens, des effets durables sur l'aptitude des mères à répondre aux besoins de leur nourrisson au cours des six premiers mois, ainsi que sur le développement cognitif des enfants jusqu'à l'âge de dix ans au moins…

➔ **Les massages.** Ils favorisent grandement le sentiment de sécurité et de bien-être des tout-petits, tout en stimulant puissamment le développement des réseaux qui transmettent les informations constitutives du schéma corporel. C'est un langage d'amour bienveillant, verbal et gestuel.

➔ **L'allaitement maternel.** Faites-le perdurer le plus longtemps possible durant la première année (voire largement au-delà), si vous y arrivez. Mais sans culpabiliser si cela ne vous correspond pas[B2].

Une vaccination raisonnée[B3]

Il faut veiller à privilégier tout ce qui rend votre bébé plus fort et résistant, en lui donnant des ressources qu'il pourra utiliser tout au long de sa vie et en réalisant une vaccination raisonnée (le moins de vaccins possible, administrés le plus tard possible). Soyez conscient que beaucoup de nombreuses substances très toxiques, comme les conservateurs et les stabilisants, se retrouvent dans les vaccins. Sachez que la vaccination provoque dans l'organisme encore neuf du bébé une énorme perturbation non physiologique, qui le fragilise souvent au lieu de le renforcer.

Un mode de vie équilibré et sain

Apprenez-lui, très tôt,
à avoir une bonne hygiène de vie

Chez l'enfant tout particulièrement, l'hygiène de vie est fonction de rythmes réguliers et d'un sommeil suffisant et réparateur, couplés à une alimentation saine et équilibrée. Mais elle comprend aussi une stimulation cognitive et émotionnelle régulée, doublée d'une activité physique adaptée, qui renforcera l'apprentissage cognitif et lui permettra de véritablement «habiter» son corps, tout en construisant un schéma corporel harmonieux et équilibré. Une rétrospective au sein d'une même famille, menée par un médecin britannique, le docteur Bird, tend à montrer que, depuis une cinquantaine d'années, l'enfant dispose de moins en moins de périmètre extérieur autonome de jeu. Le docteur Bird donne l'exemple de l'enfant de huit ans qui, en 1926, pouvait marcher près de dix kilomètres pour aller pêcher, sans la surveillance d'un adulte, alors que de nos jours ce périmètre se réduit à trois cents mètres tout au plus au même âge. La majorité des enfants d'aujourd'hui ne se rend plus à l'école à pied, ne développant ainsi plus l'expérience de la rue. Il est donc primordial de favoriser les jeux des enfants en extérieur.

Le système digestif : une maturation déterminante au cours de la première année

Si notre système digestif reçoit parfois le qualificatif de « deuxième cerveau », c'est parce qu'y habitent 100 000 milliards de bactéries de la flore intestinale, qui agissent en symbiose étroite avec notre physiologie, mais aussi avec notre affectif. Des chercheurs ont ainsi découvert que notre système digestif produit 95 % de la sérotonine, neurotransmetteur qui participe à la gestion de nos émotions. L'équilibre et une bonne communication entre les deux « cerveaux » sont donc indispensables à un fonctionnement harmonieux de notre état psychique.

Comment assurer une évolution optimale à ce système digestif, dès la naissance ? Il faudra d'abord veiller au bon développement de cette flore bactérienne, si primordiale. En cas de césarienne par exemple, la flore maternelle n'a pas pu se disséminer chez le nourrisson lors du passage de l'accouchement : veillez alors à apporter des probiotiques* à votre bébé, surtout s'il souffre beaucoup de coliques, ou après un déséquilibre (petite maladie infantile, dents, vaccin...).

Le système digestif continue de mûrir la première année, au travers de petites ou grandes coliques du nourrisson, de l'allaitement (l'allaitement maternel étant optimal avec ses anticorps, sa flore bactérienne naturelle familiale, ses qualités nutritives calquées sur les besoins de l'enfant) ou de laits infantiles adaptés (animaux ou, le cas échéant, végétaux), et à la faveur d'une diversification tardive et respectueuse du rythme de l'enfant.

Prêtez attention à ce qu'il mange!

L'alimentation peut jouer un grand rôle dans certains troubles du comportement des enfants, tels que l'hyperactivité et le déficit d'attention. Sont essentiellement concernés :

➔ **Les substances toxiques.** Attention aux phosphates, nitrates et additifs, très présents notamment dans l'alimentation. Mais aussi au plomb et à l'arsenic, que l'on trouve dans les matériaux de construction, au méthylmercure, présent dans l'air et dans la chair des poissons. Au polychlorobiphényle (ou PCB), importé parce qu'interdit à la fabrication en France, et aux multiples usages : fluidifiants, alimentation, adhésifs, certaines peintures, toluènes (désodorisants d'intérieur, cancéreux et allergènes), pesticides, etc.

➔ **Le gluten.** Présent dans les céréales et dans les farines (notamment dans les farines blanches ou raffinées), il est fortement allergisant.

➘ **Les graisses hydrogénées** (saturées de graisses trans, toxiques pour l'organisme).
➘ **Les laitages de vache, saturés d'antibiotiques[B4].** Comment le lait de ces vaches peut-il être sans danger pour l'homme ?
➘ **Les sucres blancs raffinés, surtout.** Il est désormais prouvé en neurobiologie qu'ils favorisent directement une agitation, une hyperactivité neuronale et une excitation motrice (sans même parler des sucres « light », hautement cancérigènes).

Un cerveau au meilleur de ses capacités[B5]

Notre cerveau à la naissance : des milliards de connexions neuronales en préparation

À la sortie du ventre de la mère, le cerveau du bébé possède quatre-vingt-dix à cent milliards de neurones, pour la moitié encore non connectés entre eux. Chaque neurone reçoit des informations de milliers d'autres neurones, façonnant des milliards de minuscules réseaux et de microcircuits. On appelle synapses les zones de contact qui s'établissent entre deux neurones ou entre un neurone et une autre cellule (on sait aujourd'hui qu'un cerveau adulte possède environ soixante mille milliards de synapses).

En dehors de ce bilan chiffré, nous naissons équipés d'un patrimoine très important de savoirs, de capacités et de compétences (notamment grâce à nos cerveaux primitifs, déjà plus ou moins fonctionnels : le cerveau reptilien et le cerveau mammalien). Avec la possibilité innée de percevoir le monde, de mémoriser de l'information et de produire des sons universels.

C'est la qualité de l'apprentissage et des stimulations, en interaction avec l'objet d'amour maternel, l'entourage et l'environnement, qui mettra peu à peu les neurones de l'enfant en connexions optimales, notamment au cours des huit à dix premières années de son développement.

Les premières années, une évolution neuronale accélérée

De la naissance à l'âge adulte, la taille du cerveau augmente près de cinq fois, d'abord très rapidement, puis plus lentement. Il lui faut environ quinze ans pour atteindre sa taille adulte et être organisé. Le cerveau humain jouit d'une fantastique propriété, la neuroplasticité, ou faculté de réorganiser des millions de connexions neuronales en continu. Si cette neuroplasticité est moins malléable à partir de vingt à vingt-cinq ans, toute sa vie, l'être humain pourra néanmoins continuer d'évoluer et d'apprendre.

Le stress trop intense ou répété dans le temps[5] perturbe et détériore cette capacité du cerveau à organiser de nouveaux circuits neuronaux et à acquérir de nouvelles connaissances. On sait désormais que, chez l'adulte, la méditation active peut réparer ou rétablir cette neuroplasticité. Chez le nourrisson c'est le maternage proximal qui la favorise, et chez l'enfant c'est un milieu et un accompagnement de vie harmonieux.

En matière de neuroplasticité, il existe une notion de période critique ou sensible, programmée pour certaines fonctions, notamment les fonctions sensorielles. Par exemple, si l'on obture un œil d'un chiot pendant le premier mois de sa vie (même seulement quelques jours consécutifs), à la fin de ce mois cet œil est aveugle : les circuits nécessaires au fonctionnement du système visuel ne se sont pas formés. En revanche, la même expérience, menée après l'âge de 1 mois, n'a plus d'effet...

Les premières années, notre cerveau doit développer de nombreuses fonctions : station debout, marche, langage parlé, habileté manuelle, relations avec autrui, conscience de soi et des autres... Chez le bébé, deux millions de synapses se connectent à chaque minute ! Or, de même que la maturation des sens (vision, odorat...) nécessite des expériences d'ordre physique, le

5. Le petit stress bien géré est, lui, nécessaire pour nous adapter au changement : il est même plutôt positif !

développement des fonctions cognitives est largement fonction des signaux de l'environnement (physique, affectif, émotionnel, social, culturel...) ainsi que de l'apprentissage, de l'éducation et des interactions sociales.

L'attention portée au petit d'homme façonne son destin...

Comme ils sont directement branchés sur leurs cerveaux émotionnels primitifs, les premiers mois, les bébés ressentent profondément des émotions anxieuses intenses (nommées «angoisse du chaos»). Ils peuvent d'ailleurs pleurer souvent et avec force, alors que tous leurs besoins semblent assurés. Lorsque ces phases sont trop longues ou trop fortes, le bébé sécrète des substances biochimiques de stress très perturbantes, voire douloureuses. Une fois activées, ces substances ne peuvent se stopper seules et ce n'est qu'au contact bienveillant et chaleureux de sa mère (ou de l'objet d'amour maternel) que le bébé va pouvoir s'apaiser, mais surtout inscrire et activer dans son cerveau des connexions apaisantes.

Ces phénomènes répétitifs vont orienter l'acquisition d'un style affectif particulier, propre à l'enfant. Vers l'âge de un an, le cerveau fait déjà les deux tiers de sa taille adulte et les informations sensorielles reçues par le petit d'homme ne cessent d'induire la création d'une myriade de nouveaux circuits : au cours des premières années de la vie, les neurones continuent d'établir quelque 200 000 contacts par heure !

Les spécialistes de psychologie infantile s'accordent même à penser aujourd'hui que l'attention portée au nourrisson façonne son destin. L'enfant se construit à travers une alternance de bonheurs et de petits malheurs, de pleurs et de légères frustrations constamment dépassés par des plaisirs plus grands. Le papa stimule un peu plus, la maman câline et console, et tout le monde est capable d'en rire... Il est fondamental de laisser son entière place à l'autre parent. Ainsi, les mamans trop protectrices qui empêchent les pères de déstabiliser un peu l'enfant, en le lançant en l'air par exemple, font obstacle à un phénomène naturel et fondateur (équilibre qui manque aussi dans les familles monoparentales).

Cette alternance structure les canaux cognitifs de l'enfant et lui permet peu à peu d'expérimenter, lors des étapes de son développement, un « détachement sécurisé ». Plus les besoins vitaux du nourrisson seront satisfaits, plus ces connexions seront denses et positives. Et plus il ressentira du bien-être et de la sécurité, élargissant aussi sa possibilité d'explorer en toute sérénité.

LES BASES D'UN DÉVELOPPEMENT PSYCHIQUE HARMONIEUX

L'existence d'une personne ne débute pas au moment de la conception ou de la naissance : elle est déjà présente dans le désir, plus ou moins conscient, de ses parents, d'avoir ou non un enfant. À cet égard, nous sommes tous différents, porteurs de plusieurs histoires. Quasiment tous les nouveau-nés arrivent au monde inscrits dans ces histoires et notamment dans celle de la mère, puisque lors de l'accouchement, c'est la flore de celle-ci que le nouveau-né rencontre en premier lieu[B6]...

Des processus, loin d'être anodins, pourront rejaillir au moindre détour de la vie de l'enfant : celui-ci porte un poids plus ou moins lourd, dont il n'est en fait pas responsable et qui l'empêche de se sentir totalement libre, avec le risque de répétition de tel ou tel scénario de vie à l'âge adulte...

En plus d'être peu mature à la naissance, notre cerveau doit orchestrer les évolutions conjointes des systèmes moteur, intellectuel et émotionnel, toutes très liées. Par exemple, un enfant ne pourra acquérir la propreté si, tout à la fois, ses muscles sphinctériens ne sont pas physiologiquement prêts, s'il ne sent pas sa vessie remplie et s'il n'a pas intégré les notions de « dedans-dehors ». L'adulte va jouer un rôle important dans l'acquisition de cette maturité. Chaque fois qu'il stimulera l'enfant pour marcher et monter les escaliers, il l'aidera à renforcer ses muscles. Lorsqu'il s'amusera avec lui à remplir et vider des boîtes ou son coffre à jouets, il lui permettra d'assimiler le dedans et le dehors... L'enfant pourra ensuite accorder ces découvertes nouvellement acquises à son ressenti physique (l'envie d'uriner)[6].

En clair : pour qu'il y ait assimilation, il faut qu'il y ait expérimentation. C'est à force d'essayer et de répéter un mouvement que le cerveau va l'assimiler, c'est-à-dire le comprendre et l'intégrer. C'est pourquoi à cet âge le jeu non dirigé est la façon optimale d'apprendre. Peu à peu, le tout-petit parvient à reproduire volontairement certains gestes effectués de façon réflexe (comme sucer son pouce, bouger bras et jambes ou attraper un objet placé à portée de sa main).

Comment sont traitées les informations qui arrivent au cerveau ?

Nous nous appuierons ici sur la théorie de Joseph LeDoux, psychologue cognitif[B7]. Celui-ci

6. Quand la notion de « dedans-dehors » n'est pas acquise à cet âge, la personne sera susceptible, à l'âge adulte, d'avoir du mal avec la notion d'intimité. Elle risque de se livrer trop facilement, constituant une cible de choix pour les manipulateurs.

a étudié le traitement de la peur par le cerveau et en a déduit deux voies propres au traitement des informations sensorielles : une voie courte, entraînant des réponses émotionnelles en quelques millisecondes, et une voie longue, faisant appel aux fonctions supérieures du cortex.

La voie courte

Les situations considérées comme dangereuses activent la voie courte (*via* l'amygdale* et l'hypothalamus), libérant la peur, laquelle est censée nous aider à trouver la meilleure solution le plus vite possible, pour échapper au danger. Par exemple, un enfant de huit ans aperçoit un chien sur le trottoir. S'il ne craint pas les chiens, il peut être indifférent à la situation, voire, s'il les aime, ressentir de la joie à l'idée de pouvoir, peut-être, le caresser. En revanche, s'il en a peur, il peut imaginer que l'animal va le mordre. C'est alors que la voie courte s'active : son rythme cardiaque s'accélère, il ressent une oppression respiratoire, il a des suées... Si sa peur est trop intense, le taux des hormones de stress (notamment le cortisol) dans son cerveau bloquera l'accès à la raison. Il pourra alors se retrouver, littéralement, paralysé par la peur, en état de sidération, ou adopter une réaction inadaptée à la situation (comme saisir un bâton pour attaquer le chien ou se mettre à hurler, s'enfuir à toutes jambes...).

Remarque : la voie courte se met en place très tôt, dès l'apparition des premiers neurones, au vingt-huitième jour de l'embryon. Le bulbe rachidien et l'amygdale (donnant le cerveau reptilien) qui concernent cette voie vont en effet se former en premier.

La voie longue

L'hippocampe* et la mémoire à long terme, qui jouent un rôle important dans les souvenirs et la réactivation des informations déjà stockées, régulent largement les effets – souvent négatifs – de la voie courte. Ce qui va permettre l'accès au raisonnement et la diminution des réponses physiologiques de peur. Pour reprendre l'exemple précédent, dans la majeure partie des cas, la mobilisation de son raisonnement va aider l'enfant à se reprendre et à se rendre compte que le maître du chien le tient en laisse, ou bien qu'il peut changer de trottoir pour ne pas passer trop près de l'animal.

Cette voie joue un rôle important dans le développement intellectuel et cognitif, lors des processus répétitifs de l'apprentissage. Ceux-ci, s'ils sont bien gérés et accompagnés de façon rassurante par les parents et l'entourage, vont contribuer à construire à l'enfant une identité et une personnalité harmonieuses. Notez que cette voie longue se construit progressivement, au fil des premières années de la vie et du façonnage du cortex supérieur*.

Les cauchemars : pas toujours négatifs !

Les « mauvais rêves » qui finissent bien sont les indicateurs d'un retraitement réussi de l'information traumatisante. À l'inverse, les cauchemars récurrents, sans dénouement heureux, indiquent que le traitement n'arrive pas à aboutir. L'information stockée peut ainsi être remise en circuit plusieurs nuits de suite. En cas d'échec persistant, elle sera de nouveau mise de côté, mais en ayant acquis un degré d'alarme plus grand qu'auparavant[7]. Dans ce cas, l'information émotionnelle anxieuse peut à tout moment être réactivée, *via* un parfum, une sensation ou encore une vision, en lien avec l'information initiale, et entraîner chez l'enfant un comportement inadapté.

Pour reprendre notre exemple, si cet enfant vit avec un chien une expérience trop angoissante pour être assimilée correctement, la fois suivante, même s'il n'est face qu'à un petit chien, il pourra être pris d'une attaque de panique le paralysant ou le faisant s'enfuir – les thérapies cognitives et comportementales parlent alors d'une conduite d'évitement. L'accumulation de petits traumatismes pour un même type de situations

---

7. Les cas les plus extrêmes sont les syndromes de dissociation lors de traumatismes infantiles : l'enfant occulte le souvenir traumatisant, qui ne revient souvent à la mémoire qu'au détour d'événements trop déstabilisants, une fois adulte. Cela déclenche, d'un coup, un stress post-traumatique ou une dépression (parfois avant même le retour du souvenir !).

(plusieurs morsures ou agressions, par exemple) peut même amener un syndrome de stress post-traumatique, provoquant une réaction en chaîne d'augmentation des niveaux d'alerte et de réactions inadaptées. Jusqu'à équivaloir à un seul gros traumatisme, susceptible d'entraîner des troubles du comportement physiques (notamment les maladies de peau comme l'eczéma ou le psoriasis) ou psychiques (insomnies, agressivité, troubles de l'attention ou du comportement alimentaire…).

LES GRANDES ÉTAPES DU DÉVELOPPEMENT, DE 0 À 10 ANS

De la naissance à 3 ans

Sur le plan intellectuel et cognitif : l'essor de l'intelligence sensori-motrice

Cette forme d'intelligence s'appuie sur les perceptions et les mouvements qui s'inscrivent dans la mémoire de l'enfant au fur et à mesure de ses apprentissages fortuits, créant peu à peu une sorte de base de données sur laquelle il s'appuie pour aller plus loin.

C'est entre 8 et 12 mois que l'on voit apparaître une intention, avec une capacité à trouver des solutions adaptées pour arriver au but. Ainsi, si l'enfant souhaite attraper un jouet en hauteur, il va essayer de le faire tomber en tirant sur le bout de nappe qui dépasse. Il acquiert ainsi, peu à peu, la capacité d'agir sur les choses et d'obtenir un effet.

Le langage soutient de façon importante la construction de ces mémoires ou souvenirs, et vice versa : de 12 à 24 mois, c'est le début de la phase holophrasique (apparition des premiers mots, puis de mots isolés, au gré des expérimentations). Entre 2 et 3 ans, l'enfant acquiert plus de quarante mots par jour !

Sur le plan sensitif et émotionnel : la nécessaire construction d'un attachement sécure

Au départ, lorsque l'enfant était encore dans le ventre de sa mère, le monde extérieur était tenu très à distance, même s'il le percevait. Il était donc confronté uniquement à ses propres ressentis et émotions, ainsi qu'à ceux de sa mère, dans une alternance permanente de protection et de stimulation. À la naissance, un changement très brutal survient : une foule de sensations connues disparaissent, tandis que le nourrisson passe brutalement de l'obscurité à la lumière. Les odeurs prennent corps et le submergent d'informations nouvelles, les sons également... Le nouveau-né doit gérer énormément d'informations d'un seul coup !

Les premiers mois, la conscience du corps est donc partagée entre deux éléments : d'une part, la fusion symbiotique (harmonie parfaite entre les besoins et les réponses avec le monde extérieur, que le bébé ne différencie pas de lui-même) ; d'autre part, l'angoisse du chaos, du fait des flux constants d'émotions qui continuent de le traverser (de manière bien plus intense que pendant la grossesse, puisque non atténuée par la barrière de l'utérus), *via* ses cerveaux archaïques.

La qualité des soins et des échanges, facteurs majeurs d'équilibre psychologique du bébé

Pour se sortir de cet écartèlement, le bébé se raccroche à tout ce qui peut le rassurer, à commencer par les éléments qu'il connaît de son ancien état, lorsqu'il baignait dans le liquide amniotique : la voix de sa mère, son odeur, et même son goût (par l'allaitement). C'est au travers des soins qu'elle lui dispense, de la douceur de ses gestes et de ses paroles – ainsi que, mais de manière plus indirecte, de ceux des autres membres de la famille – que le bébé va s'adapter progressivement à cet environnement si étranger pour lui.

Chaque stimulation ou échange va renforcer ce phénomène, lui permettant, au fil des mois, de chercher en lui un élan vital ailleurs que dans la nourriture, pour être en mesure de s'élancer à la conquête de ce monde extérieur à la fois si fascinant et si angoissant. Plus ces échanges sont riches, plus l'attachement est solide et sécurisant et a des chances d'aboutir durablement à une identité équilibrée.

C'est à l'âge de 6 mois seulement que l'enfant effectue un début de différenciation de son propre corps, puis des objets. Il est d'abord capable de reconnaître le visage de sa mère parmi plusieurs autres, même sur des photos. Puis il différencie aussi son visage, sans prendre conscience que c'est lui. C'est l'époque, si amusante pour l'entourage, où, face à un miroir, il pense que c'est un autre enfant et tente d'entrer en interaction avec ce petit copain potentiel... Aux parents de nommer chacun à chaque fois afin d'éclaircir le doute : « Regarde, là, c'est maman, et là toi, petit Thomas... » Cette répétition contribuera, vers 18 mois, à le faire enfin associer son prénom au visage qu'il voit dans la glace et à forger sa notion d'identité. Autant de découvertes qui vont lui permettre de commencer le long travail de décentration égocentrique (capacité à différencier sa propre pensée, son propre comportement ou ressenti, de son environnement).

À la fin de cette période, l'enfant sera capable de se représenter les objets même lorsqu'il ne les voit pas. Pour cela, il faut que lors du processus d'acquisition, les objets-fétiches – et en particulier l'objet d'amour maternel – restent toujours suffisamment identiques. C'est pour cette raison que le fait de laver le doudou devenu vraiment trop sale ou de couper des cheveux devenus trop longs peut entraîner chez l'enfant colère et chagrin.

L'« angoisse du huitième mois » : une phase délicate, mais normalement éphémère

Cette prise de conscience qu'il est distinct d'elle entraîne, vers 8 mois, une période d'angoisse profonde chez l'enfant à l'idée de se séparer de sa mère. C'est la période où il ne veut que les bras, et c'est aussi le moment le plus malvenu pour commencer une garde à l'extérieur. Cette phase s'achèvera d'elle-même, en douceur, lorsque le tout-petit découvrira la notion de la permanence de l'objet. Une étape fondamentale pour la maturation affective de l'enfant, ne serait-ce que pour une séparation future sereine d'avec sa maman[8].

L'enfant s'aperçoit d'abord que lorsqu'il retrouve un objet, disparu sous le canapé, celui-ci reste identique. Dans un premier temps, il va d'abord s'assurer de la persistance de cet état de fait, à grand renfort de jeux répétitifs : c'est le temps où il va envoyer et envoyer encore, à votre grand dam, sa voiturette dans l'endroit le plus inaccessible… Puis, une fois acquis ce principe de permanence sur les

8. Quand cette notion fait défaut (notamment en cas de mère dépressive, avec sautes d'humeur fréquentes et incohérentes), les moments de séparation peuvent être déchirants.
Chez l'adulte, cela se manifestera par des difficultés à prendre des décisions en cas d'imprévu ou à chaque changement de situation, brutal ou non (travail, déménagement…).

objets, l'enfant peut généraliser le principe à l'objet «maman». S'ensuit donc une autre période pendant laquelle il s'assure que celle-ci reste identique, elle aussi. C'est le moment où il vient vérifier, de nombreuses fois de suite, que vous êtes bien dans la cuisine, telle qu'il vous y a laissée quelques minutes plus tôt. Puis il repart, sans même chercher à entrer en relation avec vous...

Au fil de ces expérimentations, le tout-petit acquiert ainsi la pensée fondamentale que «ce n'est pas parce que je ne vois pas l'objet qu'il n'est pas là et qu'il ne reste pas identique». Cette certitude sera la base d'une capacité future de séparation saine, puisqu'il va pouvoir généraliser progressivement ce savoir dans l'espace et le temps : «Je suis à la crèche et maman est à la maison.» Une fois ce principe acquis, il ne vivra plus cette séparation comme un abandon et pourra surtout se définir, lui aussi, comme étant permanent (au contraire d'avant : «Si on ne me voit pas, je n'existe plus pour l'autre.»).

C'est l'âge pour...

De la naissance à 6 mois - 1 an

→ **Partager avec l'enfant** tout ce qui peut l'éveiller et activer le processus d'abord réflexe de mémorisation, puis les phénomènes de mimétisme. Beaucoup lui parler, d'un ton doux et bienveillant. Profiter de chaque moment pour renforcer le lien, aussi bien par la voix – en chantant des petites comptines – que par le toucher, fondamental à cet âge, en prenant le temps de jouer avec ses petites mains, ses pieds…

De 6 mois - 1 an à 3 ans

➥ **Apprendre à l'enfant** ce que sont les limites et l'autorité (laquelle va surtout résulter de votre positionnement inflexible, bienveillant mais intransigeant).

➥ **Instituer des rituels éducatifs,** qui représenteront peu à peu autant de limites implicites intégrées par l'enfant dans sa mémoire à long terme. Rituels d'abord rassurants, comme ceux du coucher, qui permettent d'instaurer de la sécurité si l'enfant est débordé par les émotions de ses nouveaux apprentissages et que cela se traduit par la peur de dormir : « Peut-être que je vais tout oublier ? ou que tout va disparaître si je me suis trompé dans ma compréhension du fonctionnement du monde ? » Ces habitudes immuables lui permettront aussi de se forger des repères dans le temps : « Je dois me laver les mains et me déchausser en rentrant de l'extérieur, me laver les dents après les repas », ou dans l'espace : « Je ne dois pas monter sur une chaise devant une fenêtre, même fermée, traverser la rue sans regarder. »

➥ **Lui lire des histoires** qui décrivent et illustrent symboliquement (par les dessins et les récits).

les différentes émotions auxquelles il est confronté, tant négatives (colère, tristesse, peur…) que positives (joie, réconfort, envie…). C'est un excellent moyen pour lui de mettre des mots sur ce qu'il ressent[B8].

➔ **Lui donner de bonnes habitudes alimentaires** (cf. p. 18), en lui expliquant les raisons de vos choix en la matière[9].

➔ **Lui inculquer des valeurs de compassion.**

Le doudou, substitut de maman

C'est l'enfant qui le choisit et il en a parfois plusieurs : le plus souvent, il s'agit d'une peluche ou d'un morceau de tissu, mais ce peut être aussi son pouce, du coin de son oreiller, voire une mèche de ses cheveux qu'il malaxe machinalement… Pour les bébés allaités, le sein peut en être un aussi, sans en avoir l'air. (C'est pourquoi ces enfants ont moins souvent besoin de doudou que les autres.) Le rôle du doudou – également appelé « objet transitionnel » – est d'apaiser le tout-petit pendant les émotions trop vives ou la séparation d'avec l'objet maternel : ce n'est pas un hasard si le premier doudou est choisi vers le huitième mois !

9. Il est toujours bon d'expliquer le pourquoi des règles dans votre foyer, avec la nuance selon laquelle « dans notre famille, on fait comme cela » : ainsi l'enfant comprend qu'ailleurs les choses peuvent être différentes.

Lorsque la permanence de l'objet sera suffisamment acquise pour que l'enfant se sente bien ancré dans son environnement, il n'en aura plus besoin lors des séparations. Progressivement, ce doudou fera partie du rituel d'endormissement ou de séparation pour l'école ou la crèche. Une période qui peut durer encore plusieurs années pour certains enfants : si tout va bien par ailleurs, il n'y a pas lieu de s'en inquiéter.

Les comportements gênants, mais normaux à cet âge

Les peurs…

Il s'agit souvent de petites conduites anxieuses, dictées par un sentiment d'insécurité plus ou moins grand, qui va s'exprimer par des pleurs. Parmi ces craintes normales (dans la mesure où elles demeurent ponctuelles et que l'enfant peut être rassuré), on trouve la peur du bruit ou encore des grands espaces (qui apparaissent à l'enfant comme du vide, avec la crainte d'y tomber), des changements de lumière ou de lieux…

C'est notamment pour cette raison (en plus du fait qu'il rechigne désormais à s'isoler d'une ambiance familiale qui continuerait sans lui) que votre enfant va sans doute se faire tirer l'oreille pour aller au lit seul. Ne cédez pas, revenez le voir régulièrement, mais à intervalles de plus en plus espacés et, s'il a peur du noir, laissez sa porte entrouverte avec le couloir allumé, ou investissez dans une petite veilleuse.

C'est aussi le début, vers deux ans et demi, de la période des cauchemars et des terreurs nocturnes (cas de figure où l'enfant semble éveillé, mais ne vous reconnaît pas et hurle et pleure, parfois durant de longues minutes, avant de se calmer, et de ne garder aucun souvenir de l'événement au matin). Ces épisodes sont peu agréables et épuisants s'il en est, mais ils reflètent l'acquisition de deux capacités nouvelles très utiles au bon développement de l'enfant : d'une part celle de produire des images mentales, de mémoriser et d'user d'habileté langagière ; d'autre part celle de décharger les nombreux et puissants stimuli expérimentés tout au long de la journée. Par contre, s'il rencontre de réels et durables troubles du sommeil (plusieurs nuits sans dormir, cauchemars incessants...), mieux vaut consulter un spécialiste du sommeil pour enfants.

Les « terrible two » ou « âge du non »

La période classique du « non » débute vers 18-24 mois, en réaction à l'expérimentation – nouvelle – de l'interdiction. À mesure qu'il découvre le déplacement, l'enfant s'initie à tout un nouveau monde rempli d'attractions interdites : ouvrir un placard, mettre les doigts dans les prises, tirer sur une nappe... Autant de découvertes qui vont, chaque fois, s'accompagner du « non » des parents, qui marquent ainsi les premières interdictions. Lorsque l'enfant commence à intégrer ce « non », il va l'expérimenter à son tour, davantage par mimétisme que par provocation. D'ailleurs, parfois, ce « non » ne signifie pas « je ne veux pas », puisqu'il fera tout de même la bise – officiellement refusée – à sa grand-mère ou prendra un bonbon de votre main, tout en répondant par la négative à la question : « En veux-tu un ? »

Progressivement, cette opposition va prendre un autre sens, et va être surtout utilisée pour marquer son autonomie face à ses parents. Une nouvelle étape dans la différenciation par rapport à l'autre est atteinte. Il est primordial pour l'équilibre de l'évolution de l'enfant que les parents sachent placer les limites adaptées à ce moment-là. La frustration légère engendrée pour lui – même si elle s'accompagne de cris ou de pleurs épuisants pour tous – est fondamentale pour l'établissement de ses bonnes fondations cognitives et émotionnelles. Au bout de quelques tentatives, l'interdiction sera intégrée dans sa mémoire à long terme et l'enfant apprendra, peu à peu, à mieux maîtriser son émotion. Rassurez-vous : cette période ne va généralement pas au-delà de 4 ou 5 ans.

De 3 à 7-8 ans

Sur le plan intellectuel et cognitif : l'acquisition de l'intelligence symbolique et pré-opératoire

Pendant cette période de sa vie, l'enfant acquiert des fonctions très importantes telles que la propreté. Il affine et étoffe son langage et est confronté aux premiers apprentissages scolaires. Le développement harmonieux de cette partie cognitive sera crucial pour l'aider à traverser des étapes importantes sur les plans affectif et émotionnel.

L'acquisition de la fonction symbolique

➔ **Dès 3 ans,** l'enfant acquiert progressivement cette fonction au travers des dessins, des jeux, du « *On fait semblant* »... Les dessins sont de plus en plus réalistes, mais passent presque systématiquement par la phase du « bonhomme soleil », gros rond qui représente la tête et où sont accrochés des bras et des jambes souvent très fins et trop courts ou trop longs. Une phase qui va de pair avec une importante progression du langage, notamment dans l'acquisition de la syntaxe. Ce progrès se perçoit dans des erreurs de grammaire qui tentent de coller à la conjugaison, par exemple l'utilisation du verbe conjugué « vous faisez » (qui ne correspond plus à une simple imitation, mais contient une intention grammaticale).

↳ Puis, entre 4 et 5 ans, l'enfant devient capable de nommer ce qu'il a dessiné. Comme il perçoit les objets comme étant vivants, il leur prête des intentions. Par exemple, quand il se cogne la jambe contre une chaise, il peut donner un coup de pied à celle-ci en retour, car elle lui a fait mal. Ainsi, chaque fois que le parent va le reprendre en lui expliquant que l'objet est inanimé, et que c'est lui, l'enfant, qui est à l'origine de l'action finalement douloureuse, cela va lui permettre de différencier de plus en plus les objets de lui-même.

Respectez sa vision des choses, même déroutante

Il est important de suivre le tout-petit dans son monde imaginaire. Par exemple, comme il commence tout juste à discerner la notion de réalité, il n'est pas rare de voir un petit enfant dessiner quelque chose qui ressemble à un rond ou un gribouillis et dire qu'il a écrit « papa » puis, la seconde suivante, annoncer qu'il a écrit « maman, je t'aime ». Il faut le laisser faire, pour lui ouvrir le champ symbolique et imaginaire le plus large possible ! À cet âge, la sphère cognitive est suffisamment développée pour permettre l'apparition progressive d'une intelligence intuitive (cf. p. 64), qu'il lui faut expérimenter. Dans le sillage de celle-ci naîtra peu à peu un intérêt à comprendre comment fonctionne vraiment le monde, lequel mènera plus tard à la pensée abstraite.

➥ **Après 5 ans** survient une grosse phase de préparation à l'écriture, où l'enfant reproduit des formes et des motifs de plus en plus reconnaissables. Des distinctions logiques commencent à s'établir. Ainsi, les éléments importants sont représentés plus gros que les autres. Par contre, les couleurs sont encore choisies en fonction des émotions, davantage que par réalisme.

➥ **À 5-7 ans,** l'acquisition de l'intelligence émotionnelle prélogique entraîne celle des notions de conservation et de réversibilité (« Untel a plus ou moins que moi »). Ce qui permettra à l'enfant, plus tard, d'arriver aux apprentissages mathématiques. La latéralité (droitier ou gaucher) est également acquise définitivement.

Le temps des « pourquoi ? »

Vers 4 ans, commence la grande période des « pourquoi ? ». L'enfant cherche à remplir sa base de données cognitive et à lui donner du sens, dans sa compréhension nouvelle d'une réalité indépendante de lui-même : il est curieux de tout.

Répondez à ses questions de manière juste : si vous n'en connaissez pas les réponses, mieux vaut le dire et différer celles-ci, le temps d'aller chercher les informations requises (lorsque cela est possible!). Vous pouvez parfois, aussi, lui renvoyer la balle : « *Qu'est-ce que tu en penses, toi ?* », ce qui stimulera sa capacité à mener une réflexion autonome.

Si ces « pourquoi ? » sont trop envahissants, faites-lui savoir que ses parents, dans leur fonction d'adultes éducateurs, ne sont pas censés tout expliquer et qu'il peut aussi demander à sa maîtresse, à ses amis, etc. La frustration bien gérée étant une composante indispensable à la maturation d'un enfant.

Tout est-il *vraiment* joué avant 6 ans ?

Plus loin que leurs titres accrocheurs[B9] , les théories voulant que les jeux soient faits à 3 ou 6 ans en matière d'évolution des enfants ne veulent pas forcément dire qu'à 3 ou 6 ans tout est fini. Leurs auteurs expriment avant tout que pendant cette période beaucoup de choses essentielles se mettent en place. Ces théories élaborées dans les années 1990 ne peuvent faire face aux nouvelles découvertes, notamment dans le domaine de la neuroplasticité et de la connaissance du fonctionnement de la mémoire. On sait désormais que le cerveau ne cesse d'évoluer, de se transformer, de progresser, tout au long de la vie. Ainsi, nous pouvons rattraper certaines lacunes, modifier des schémas dysfonctionnels et « nettoyer » certains traumatismes. Sans oublier la notion de résilience*, développée par Boris Cyrulnik[B10].

Sur le plan émotionnel et sensitif : l'âge de la différenciation sexuelle

Cette phase de l'évolution de l'enfant introduit le principe de réalité et la différenciation des sexes, pour aller vers une reconnaissance de l'identité sexuelle. Laquelle va de pair avec une prise de conscience aiguë des organes sexuels, assortie, parfois, d'un besoin de les exhiber ou de les toucher (il est important d'expliquer à votre enfant que la masturbation est quelque chose de normal, mais qu'il ne peut explorer ses organes sexuels que dans l'intimité).

C'est notamment la période où l'enfant veut se marier avec l'un de ses parents quand il sera « grand » (généralement avec le parent de sexe opposé, mais pas forcément). Dans sa pensée, la notion de mariage est plutôt à comprendre comme *« je ne veux pas te quitter »*, ce qui est normal quand l'enfant a entre 3 et 5 ans. C'est aussi le temps où il veut souvent aller dormir dans le lit parental et il est alors important, même si on l'accueille parce que, ce soir, il a besoin de réconfort, de lui expliquer que c'est la place de papa et maman et qu'il a son propre lit (sa propre place). La vision d'un couple soudé et amoureux conforte cette notion de place juste et appropriée. Progressivement, l'enfant qui va bien va ainsi se décentrer du parent, pour s'intéresser aux copains et copines.

Parallèlement, petits garçons et petites filles découvrent qu'ils n'ont pas, physiquement, le même sexe. Les enfants pensent fréquemment, à cet âge, que tous les enfants ont d'abord un pénis et que les filles n'en ont plus parce qu'elles l'ont perdu. Il est important d'expliquer aux uns et aux autres, de manière simple et sans tabou, que ce n'est pas le cas. Que les filles naissent sans pénis, mais que ce n'est pas pour autant qu'elles ont quelque chose en moins, car leur «zizi» à elles est interne et non externe.

Jeux d'imitation, jeux de puissance...

Pour la petite fille, la traversée de cette période passe souvent par la pratique de jeux de rôle ou d'imitation (elle jouera à «la maman», aux copines, aux sœurs, à la maîtresse...). Jeux dans lesquels elle pourra exprimer ses colères, sa culpabilité, sa frustration... Elle va aussi y rejouer, en les modifiant ou non, les réponses réelles de sa mère, importantes pour elle et qu'elle a besoin d'imiter pour les intégrer.

Le petit garçon, lui, sera très vite davantage dans les jeux de voiture ou de construction, voire de bagarre. Tous amusements dans lesquels la notion de compétition, voire de domination, est souvent présente. Ce qui peut déjà avoir des répercussions sociales sur les enfants plus timides ou non bagarreurs, qui peuvent se sentir exclus et donc anxieux...

Cette phase va également signer l'entrée dans le jeu coopératif : l'enfant accepte et apprend règles de vie en groupe, interdits et permissions. C'est aussi le début de la période d'individuation. L'enfant commence à dire «je» et à se positionner en tant que sujet. Il peut désormais exprimer ses émotions en utilisant le langage, le dessin, la pâte à modeler...

Il ment tout le temps, que faire ?

Entre 3 et 5 ans, l'enfant réalise que ses actes ont des impacts. Il va commencer à arranger parfois la réalité pour éviter d'être grondé (ce qui est différent des mensonges : il s'agit là d'une phase d'expérimentation comme les autres). Si vous ne vous positionnez pas clairement face à ces tentatives, il s'y engouffrera et, là, pourra commencer à mentir intentionnellement. Vous pouvez, par exemple, lui signifier que «dans cette famille on a choisi de dire la vérité», en lui expliquant que vous préférez qu'il raconte ce qu'il s'est vraiment passé, même si vous êtes un peu fâché, plutôt que des choses fausses qui vous fâcheront beaucoup (évitez d'utiliser le terme «mensonge», qui viendra bien assez tôt).

C'est l'âge pour...

➘ **Lui laisser du temps libre pour assimiler toutes ses nouvelles expériences,** mais aussi pour jouer et créer, voire s'ennuyer.

➘ **Lui lire (et lui relire !) des contes.** Pour l'enfant de cet âge, pas de frontière entre histoire et réalité, entre monde réel et magique. Ainsi, il ne voit pas un film à la télévision, mais il vit une histoire vraie. Il en va de même pour les personnages de dessins animés ou lorsqu'on lui lit une histoire. Cette capacité à accueillir sans jugement tout ce qui l'entoure va énormément l'aider à traverser cette période, caractérisée par l'apparition d'un certain nombre de peurs (du noir, des voleurs, des monstres, des sorcières, d'être abandonné...), puisque la magie peut toujours permettre une fin heureuse. Les héros et héroïnes des contes traditionnels traversent de terribles épreuves, qui vont permettre à l'enfant de se confronter à ses propres peurs inconscientes, et proposent invariablement un *happy end* fondamentalement rassurant pour l'enfant. N'hésitez donc pas à accéder – dans la mesure du raisonnable – à son désir d'entendre l'histoire encore et encore, tant que toute son angoisse n'aura pas été éteinte.

Chaque histoire correspond à une peur ou un problème particulier. *Le Petit Poucet* est très intéressant pour la peur de l'abandon, *Le Petit*

Chaperon rouge pour la peur de l'agression, *Boucle d'or* pour le problème de place dans la famille par exemple, *Le Vilain Petit Canard* pour le sentiment de ne pas être comme les autres... Les histoires de Charles Perraud ou des frères Grimm sont toujours d'actualité pour affronter les peurs liées à cet âge !

➔ **Se servir des gestes du quotidien pour apprendre aux plus grands à classer, trier...** Par exemple, mettre son linge sale dans la bannette appropriée ou ranger les couverts.

Les comportements inquiétants, qui nécessitent potentiellement une aide extérieure

Tous les comportements listés plus haut (complexe d'Œdipe, peur du noir, difficultés de différenciation entre fiction et réalité, questionnements sur l'identité sexuelle, etc.) doivent normalement s'estomper ou disparaître avec l'entrée dans la pré-adolescence. Si ce n'est pas le cas, une aide extérieure pourrait s'imposer.

Souffre-douleur ou bourreau des cours d'école : que faire ?

Chez les enfants, un rien peut être perçu comme très différent : la couleur des cheveux, la taille (trop grand, trop petit...), le poids, ou encore le fait de ne pas aimer les jeux ou jouets plébiscités par le groupe... Or, tout ce qui est différent fait peur. Face à cela, certains enfants, en grande souffrance inconsciente, vont extérioriser leur colère envers leurs problèmes ou les adultes qui les dominent en choisissant pour cible l'un de leurs congénères qui ne saura pas se défendre. D'autres ont besoin de montrer leur force pour affermir leur leadership.

Si votre enfant semble très décalé par rapport à son environnement, s'il est cible de moqueries de ses camarades de par ses goûts, ses choix ou son apparence physique, il peut se retrouver cible de moqueries, voire de maltraitance. Lesquelles peuvent entraîner une souffrance significative, s'exprimant par des troubles visibles. D'abord, on les trouve dans le comportement psychique : échec scolaire, repli sur soi, agressivité ou asocialisation... Des symptômes qui peuvent aller jusqu'à une phobie scolaire, un traumatisme ou des symptômes anxieux généralisés. Il peut aussi s'agir de manifestations physiques (dites psychogènes) : maux de ventre pour aller à l'école, crises aiguës d'eczéma ou d'allergies asthmatiformes en dehors des saisons, etc. Vous pouvez aider vos enfants en leur apprenant à s'apaiser, à rationaliser (cf. parties 2 et 3), mais en cas de malaise persistant ou aggravé, mieux vaut consulter rapidement un psychologue ou un pédopsychiatre.

Afin d'éviter que votre enfant ne devienne bourreau ou victime dans ce genre d'affaire ou pour couper court à une évolution sur la mauvaise pente, vous pouvez :

- **Lui apprendre à entrer en contact avec les autres** en lui expliquant que la force n'est pas nécessaire pour cela (vous pouvez notamment vous appuyer sur les jeux coopératifs, cf. p.57);
- **Lui montrer des astuces pour se défendre de façon appropriée,** sans devenir violent lui-même, mais en s'affirmant face à l'agresseur (en insistant sur sa légitimité à demander de l'aide, si besoin, aux adultes alentour). Vous pouvez utiliser la technique du *renforcement positif*, c'est-à-dire encourager l'enfant sur ses ressources plutôt que diminuer l'objet de sa peur.
- **Lui expliquer que les différences ne sont pas dangereuses** – exemples de personnalités célèbres très originales à l'appui –, mais au contraire peuvent constituer un vrai plus;

De 8 à 10-12 ans

Sur le plan intellectuel et cognitif : l'intelligence opératoire concrète

Au cours de cette phase de sa vie, l'enfant va sortir de la période symbolique pour aller de plus en plus vers le réel, vers une intelligence concrète qui va lui permettre d'intégrer que les résultats de ses expériences sont réels. Les expérimentations, accompagnées de l'adulte comme référent positif (à savoir, valorisant l'enfant pour ses efforts et son intention tout autant que pour ses résultats, auxquels il va donner du sens), vont donc être très importantes. Dans le cas contraire — si l'enfant n'est pas suffisamment soutenu et encouragé dans la voie «correcte» — il sera susceptible de développer des pensées, des croyances ou des comportements dysfonctionnels.

Des processus fondamentaux (très en lien avec la maturation affective) se jouent durant cette période :

➔ **La notion de réversibilité.** Les transformations de forme ne changent pas la quantité. Par exemple, une boule de pâte aplatie pour faire une pizza comprendra toujours la même quantité de pâte. Même chose si l'on refait une boule de la pâte aplatie.

➔ **La notion de conservation.** Cette notion, qui concerne les caractéristiques physiques des objets, s'élabore après l'acquisition de la notion de réversibilité. Elle s'acquiert en plusieurs étapes successives, toujours ordonnées de la même façon : substance de l'objet (de quoi il est fait ou non) vers 7-8 ans, poids et taille vers 9-10 ans et volume à 11-12 ans.

↳ **L'évolution des capacités de sériation** (action de classer les éléments d'une série en fonction de leur importance ou de leur nature). Par exemple, on aligne sur une table des cuillères de tailles différentes, placées de la plus petite à la plus grande. Avant 7 ans, si l'on donne à l'enfant de nouvelles cuillères de tailles différentes en lui demandant de les placer avec les autres, il s'exécutera un peu au hasard. Par contre, entre 7 et 8 ans, il sera en mesure de les intercaler de façon que la série reste dans un ordre croissant.

Cette capacité de sériation est la base pour effectuer les exercices scolaires du type « plus grand » ou « plus petit que... ». Elle est d'ailleurs introduite, de manière implicite, dès l'école maternelle, dans le domaine « découverte du monde » (formes et grandeurs), avant de faire l'objet d'un apprentissage concret en primaire.

↳ **Le dénombrement** (action de compter dans un ordre croissant ou décroissant et toutes les opérations chiffrées scolaires). À la maternelle, l'enfant va percevoir la notion de « plus que », « moins que » et de « pareil que ». Si on lui demande de choisir entre une assiette où huit bonbons sont placés de manière linéaire, mais serrée, et la même assiette avec la même quantité de bonbons mais disposés sous forme de ligne plus espacée, la probabilité est forte qu'il choisisse la seconde : la perception d'une ligne plus grande lui fera croire que les bonbons sont plus nombreux. Par contre, à l'entrée en primaire, il sera capable de concevoir intuitivement que même si la ligne est plus longue, il n'y a pas plus de bonbons, notamment parce qu'on n'en a ni ajouté, ni enlevé.

Sur le plan émotionnel et sensitif : l'entrée dans la pré-adolescence

Très liée aux prémices de l'intelligence logique concrète, cette phase correspond à une période de maturation de la perception de la réalité. L'enfant de cet âge discerne de plus en plus clairement l'imaginaire du réel. Il a aussi intégré le principe d'être un individu unique, différencié du tout. Même s'il a encore toutefois une image de lui-même très égocentrée (n'oublions pas qu'il sort tout juste de la phase de « décentration égocentrique », après avoir longtemps cru qu'il était le centre de tout). D'où un entourage parfois mis à rude épreuve[BII] !

En parallèle, sa capacité à contenir et raisonner seul ses émotions et ses pulsions augmente peu à peu, à la faveur d'une intelligence de plus en plus représentative de l'environnement. Ce qui s'accompagne d'un moindre besoin de l'intervention des parents. C'est sur la base de cette intelligence affûtée que pourra mûrir une plus grande autonomie affective et émotionnelle. Par exemple, le petit garçon peut désormais comprendre que son meilleur ami aime une autre équipe de football que lui.

Les comportements gênants, mais normaux à cet âge

Les peurs...

Dans ce processus où il est totalement axé sur le sens du réel et sur la différenciation complète entre lui et son environnement, le pré-adolescent prend aussi conscience de certaines réalités, qui vont entraîner de nouvelles peurs. Il commence à percevoir les défauts de ses parents, qui chutent ainsi du piédestal sur lequel il les plaçait jusque-là. En parallèle, la prise de conscience de l'impermanence des choses de la vie lui fait aussi réaliser que ce sont des êtres mortels. Une idée qui lui est, bien sûr, insupportable.

C'est par ailleurs un âge où, selon la pression subie et l'image renvoyée par son environnement, son sentiment de sécurité ou ses relations affectives avec son entourage, l'enfant peut commencer à craindre les accidents (notamment ceux qui pourraient toucher ses parents et le rendre orphelin), le chômage, ou encore de devenir pauvre, vieux, handicapé, etc. Comme toutes les peurs, celles-ci vont normalement finir par s'éteindre d'elles-mêmes, surtout au fur et à mesure que la réalité vient les infirmer.

Les comportements inquiétants qui nécessitent une aide extérieure...

Si un événement grave survient au milieu de toutes ces peurs, cela peut conforter l'enfant dans l'idée qu'il avait raison de s'inquiéter. Et que, par extension, si une peur s'est avérée exacte, c'est le cas aussi pour toutes les autres. Le risque est donc grand que l'enfant n'arrive pas à dépasser cette nouvelle phase de peurs et qu'au contraire elle se cristallise autour d'un trouble anxieux grave du comportement : trouble anxieux généralisé (TAG), hypochondrie, troubles obsessionnels compulsifs (TOC)... Bien sûr, dans tous ces cas et le plus tôt possible, un avis spécialisé (pédopsychiatre ou psychologue) s'impose.

C'est l'âge pour...

→ **Faire de la pâtisserie avec l'enfant** et l'aider à mesurer les ingrédients, lui faire mettre et débarrasser la table, lui proposer des ateliers qui stimulent sa créativité (pâte à sel, perles, argile...).

↳ **S'amuser en famille avec des lotos, mémories, des jeux de société.** Les inciter à faire des puzzles... Cette nourriture de leur intellect, de leur mémoire, les aidera à cultiver les bons acquis ou souvenirs par rapport aux mauvais.

↳ **L'encourager à lire de la littérature en lien avec ses peurs,** comme *Sans famille*, *Harry Potter*, *Oliver Twist*, etc. Des histoires fantastiques avec un héros de son âge auquel s'identifier et qui lui révèlent qu'il existe en lui des ressources pour dépasser ses angoisses...

↳ **Créer ou maintenir du lien social** en invitant ses amis à la maison, en lui permettant d'être à la page de son groupe de copains (en donnant parfois, s'il le faut, quelques coups de canif à vos règles familiales, si vous aviez décidé de prohiber tout média audiovisuel ou numérique du quotidien de votre enfant par exemple). Et surtout en le soutenant de façon appropriée (*via* l'écoute active, la compassion et la résolution de problèmes[10]) face aux inéluctables déboires avec des camarades...

---

10. Cf. partie 2, p. 96.

↳ **Stimuler ses capacités de coopération et d'entraide** *via* les jeux coopératifs[11], dans lesquels l'adversaire n'est pas l'autre, mais un élément extérieur contre lequel les joueurs doivent s'unir et réfléchir ensemble aux meilleures stratégies pour en venir à bout.

↳ **L'encourager à faire du sport pour éliminer les tensions.** Le judo ou les arts martiaux sont notamment très indiqués à cet âge, mais également tout ce qui pourra lui permettre de se défouler : vélo, jeux de ballon, natation...).

11. Voir, par exemple, le site : www.baojeuxcooperatifs.be/topic/index.html

↳ **Si regarder un bon dessin animé est une détente pour tout le monde** (parents comme enfants !), jusqu'à l'âge de 5 ou 6 ans, mieux vaut stimuler l'imagination de votre enfant en préférant les jeux symboliques (notamment les jeux d'imitation) à tout ce qui comporte un écran (télévision, tablette, ordinateur ou smartphone). Nous ne saurions trop vous conseiller d'édicter, dès le début, des règles claires et fermes sur le temps et les moments autorisés pour leur utilisation. Le média ne doit pas être un substitut de nounou. Gardez en mémoire le fait que le bébé, puis l'enfant, a un besoin absolu de faire l'apprentissage du sens du toucher et de l'espace avec des objets en trois dimensions.

↳ **En matière de télévision,** préférez les films sélectionnés par vos soins aux émissions prétendument destinées aux « petits ». Des programmes en réalité souvent plutôt inadaptés, aux dires de nombreux pédopsychiatres, car présentant des suites de séquence trop rapides, avec trop de stimuli, pour être éducatifs. Dans la mesure du possible, évitez de laisser les moins de 11 ans regarder le journal télévisé, trop violent et anxiogène. De même, ne laissez pas la télévision allumée en continu et ne placez pas de poste dans la chambre de l'enfant. Pour les émissions à horaire tardif, vous pouvez utiliser le *replay* (rediffusion en ligne) pour lui permettre d'avoir suffisamment d'heures de sommeil.

↳ **Pour ce qui est des médias numériques** divers (qui prennent et sont amenés à prendre dans la vie des jeunes générations une place bien supérieure à celle du petit écran !), efforcez-vous d'établir avec votre enfant une charte – au moins informelle – d'utilisation prudente et raisonnée. Convenez avec lui d'un temps maximum journalier ou hebdomadaire à ne pas dépasser, compteur bloqueur à l'appui s'il s'avère incapable de respecter seul son engagement. Vérifiez le côté réellement éducatif de l'application ou du jeu et prenez avec des pincettes ceux ne reflétant que violence et compétition. Gardez en mémoire le fait que les moins de 8-10 ans construisent encore leur système de valeurs et de références…

↳ **Réseaux sociaux :** oui, mais pas n'importe comment. Facebook, Twitter, Instagram, Snapchat… Vos adolescents y passent plusieurs heures par jour. En matière de réseaux sociaux, tout n'est pas à bannir, au contraire : leur utilisation fait aujour-d'hui partie intégrante de leur sociabilisation. Mais il est primordial de leur apprendre à les utiliser correctement. Nous vous conseillons notamment d'éveiller très tôt leur attention sur les dangers d'un partage à grande échelle d'informations intimes, voire parfois détournées ou volées.

↳ **Essayez de connaître les différents sites ou réseaux sociaux qu'utilise votre enfant.** Activez les filtres de moteurs de recherche, ainsi que les contrôles parentaux (sans oublier les outils mobiles). Incitez votre enfant à ne se présenter que sous pseudonyme et n'hésitez pas à exiger de connaître son mot de passe pour contrôler la nature de ses publications et contacts[B12]. Apprenez-lui à prendre du recul sur ce qu'il écrit. Par exemple, incitez-le à s'interroger : «*Si c'était ma sœur ou ma meilleure amie qui écrivait cela, est-ce que je serais mal à l'aise ?*» Si sa réponse est oui, alors il doit modifier son écrit. Et, bien sûr, poussez-le à diversifier au maximum ses activités[12] !

---

12. Voir notamment le site de Marie-Anne Sergerie, une psychologue candienne : cyberdépendances.ca

Les enfants précoces : des hypersensibles aux comportements en permanence décalés ou inadaptés

Ces enfants, qui constituent quelque 5% de leur classe d'âge, sont trop souvent caractérisés uniquement par leur quotient intellectuel hors du commun (au-delà de 130, pour une moyenne de la population gravitant autour de 100). Mais s'ils se comportent, aux yeux de leur entourage – et se sentent eux-mêmes ! –, comme des extra-terrestres, c'est également, et peut-être avant tout, du fait de leur sensibilité, sensorielle et psychique, également hypertrophiée.

Une signature cognitive très particulière

Chez ces enfants, la plupart des étapes de maturation cognitive et intellectuelle sont d'emblée en place, et non pas à construire pas à pas, comme chez leurs camarades. Elles attendent seulement d'être activées. Leur pensée est en arborescence[13], avec une capacité de mémorisation bien plus grande que la moyenne... Pourtant, en dépit de leurs grandes facultés intellectuelles,

13. La pensée logique commune est plutôt de type linéaire, partant d'une problématique X et arrivant à la solution Y, après avoir traversé des étapes successives de résolution. Chez le précoce, la pensée ressemble à des arbres dont les grosses branches (représentant la pensée initiale) donneront ensuite plusieurs moyennes branches (pensées possibles découlant de la première), qui donneront elles-mêmes des branches plus petites, etc.

ils n'ont pas toujours accès à ce qui est implicite pour les autres. Au point, parfois, de se paralyser totalement face à une consigne simple (du style : « Alignez-vous tous face à moi »), parce qu'il se demande comment il va réellement pouvoir représenter une ligne... Il apparaît ainsi plus stupide ou plus lent que ses camarades... un comble !

Par ailleurs, la quantité de combinaisons et de solutions potentielles qui leur arrivent dépasse totalement les filtres prévus par le cerveau pour éviter la mise en route des alarmes émotionnelles. D'où un phénomène de débordement constant, qui conforte l'enfant dans une logique de contrôle et de toute-puissance, qu'il utilise pour tenter de contenir cet afflux d'informations psychiques et sensorielles.

Des compétences motrices plutôt en retard

Ces caractéristiques cognitives leur confèrent la particularité de peu habiter leur corps, mais énormément leur tête, là où ils se sentent à l'aise... Une hyperactivité cérébrale aussi épuisante pour eux que l'est chez d'autres l'hyperactivité motrice ! Ce malaise ressenti avec leur corps est décuplé par un décalage entre leur émotionnel, très immature, et leur développement corporel visible. Et par des difficultés très fréquentes dans tous les apprentissages moteurs, volontaires ou réflexes. Ce qui va parfois jusqu'à entraîner chez cette population d'enfants de réels troubles psychomoteurs, tels que *l'énurésie primaire* par manque de contrôle des sphincters vésicaux, et surtout *la dyspraxie**. Un trouble de la coordination motrice peut apparaître comme une maladresse volontaire chez un enfant déjà «grand». Les précoces sont très démunis face à ce problème, qui les fait souvent gronder et les coupe de la bienveillance protectrice de leur entourage, dont ils ont pourtant tant besoin.

Des caractéristiques sensorielles hors norme

Chacun de leurs cinq sens est en hyperactivité. Certains enfants souffriront, par exemple, d'hyperacousie et seront incapables de se concentrer à cause des bruits extérieurs qui les agressent en permanence. Parfois, il s'agit d'une hypersensibilité des muqueuses ou de la peau, qui donne des eczémas ou des asthmes très pénibles... La perception souvent inadaptée de la limite de leur corps, par une «*proprioception**» déréglée elle aussi leur posera également fréquemment des problèmes. Leurs relations sociales ne vont guère mieux, même avec leurs proches : leur acuité et leur lucidité perçante sur leur environnement, mêlées à une quête constante d'explications et de sens, laissent les parents souvent désemparés.

Des caractéristiques affectives et émotionnelles à part

Ces enfants hyperémotifs, assaillis en permanence par des émotions très vives, ont souvent été des *bébés aux besoins intenses**. Plus tard, ils ont, plus encore que les autres, tendance à somatiser. Il n'est pas rare qu'ils présentent très tôt des allergies souvent graves, soit alimentaires, soit respiratoires, soit cutanées (avec, par exemple, un eczéma plus ou moins généralisé, rebelle aux traitements et qui nécessite une attention de tous les instants). De plus, leur finesse d'appréhension de leur environnement les rend non seulement bien plus demandeurs que la moyenne des enfants (si on n'y prend garde, ils peuvent accaparer toute la place dans le foyer), mais aussi très intolérants au stress et à la frustration.

En un mot comme en cent, avec les précoces, la question de trouver une éducation qui les mène vers le meilleur d'eux-mêmes revêt un enjeu tout particulier, car ils sont capables du pire comme du meilleur. Bien que la précocité ne soit pas une pathologie – loin de là ! – certains spécialistes s'accordent sur le fait qu'accompagner ces enfants exige autant d'efforts que de suivre un enfant atteint de troubles de l'attention (notamment lors des TDAH*). Le maternage proximal, puis la communication et l'éducation non violentes, bienveillantes et respectueuses, sont les meilleurs moyens éducatifs pour faire de ces écorchés vifs des adolescents, puis des adultes à haut potentiel, mais désormais bien dans leur peau.

Pour vous faire aider :

- Association nationale pour les enfants intellectuellement précoces : www.anpeip.org
- Annuaire des structures traitant de précocité : http ://eeip.free.fr

2

La parentalité bienveillante, pour des relations familiales apaisées au quotidien

REPENSER L'AUTORITÉ

Ne plus suivre les anciens modèles éducatifs...

Au fil des décennies se sont succédé quatre grands styles d'éducation, dont trois sont désormais reconnus comme réellement inappropriés à l'épanouissement des enfants.

Le style autoritaire

Les manifestations...

Ici, pas de contestation possible : les enfants doivent « marcher au pas », « se tenir à carreau ». L'adulte, et lui seul, détient les clés de ce qui est bon, de ce qui doit se faire – voire se penser. En cas de transgression, la punition est automatique : privations, réparation, voire châtiments corporels. Un régime généralement accompagné de vives critiques verbales ou de condamnations péremptoires, humiliantes pour l'enfant. Avec une remise en cause directe non de l'action effectuée, mais de la personne elle-même (« Tu es vraiment trop bête », « Tu me fais honte », « Tu n'arriveras jamais à rien »).

Quelles conséquences sur les enfants ?

Les enfants élevés de cette manière font en général preuve de moins d'habileté dans leurs relations et manifestent une faible estime d'eux-mêmes, sous forme de timidité, de réserve ou même d'agressivité. Ils peuvent aussi présenter des signes de manque de maîtrise ou de maladresse.

Les châtiments corporels : pourquoi ils sont à éviter à tout prix

Vingt-quatre pays dans le monde, dont pas moins de dix-sept en Europe, ont intégré dans leur législation l'interdiction de recourir aux corrections physiques sur les enfants. Ils s'alignent en cela sur les préconisations de nombreux pédagogues qui, à l'instar notamment d'Olivier Maurel[B1], défendent avec ardeur ce concept de non-violence éducative. Avec un argument choc : la violence éducative ordinaire serait à la source de toutes les brutalités ultérieures commises par ces enfants devenus adultes. En clair : le monde serait bien plus en paix si l'on combattait, partout, le problème à sa source : la manière dont les enfants sont traités – ou plutôt, maltraités – au sein du foyer familial.

À ce jour, la France fait toujours figure de triste exception dans ce paysage... Toutes les tentatives visant à faire passer un projet de loi d'interdiction de la fessée sont freinées par des polémiques, mettant en avant le fait qu'une fessée de temps en temps «ne fait pas de mal» et ne peut s'apparenter à de la maltraitance.

Bien sûr, il n'y a pas de commune mesure entre une simple tape sur la main et une raclée au martinet... Mais rendre illégales les corrections, *toutes* les corrections, empêche de glisser ne serait-ce qu'un pied dans la porte des mauvais traitements. Et permet d'instaurer des limites plus claires aux parents. C'est un garde-fou très large : *frapper mon enfant n'est pas admis* (avec, si les mains démangent, la possibilité de frapper le mur, la table, ou, mieux, un oreiller, pour évacuer la tension).

Si toutefois, par exception, il vous arrive de sortir de vos gonds, si votre main part avant que vous n'ayez pu vous reprendre, rien n'est irrémédiable pour autant! Prenez seulement le temps de verbaliser ce qui s'est passé, ce qui vous a amené à taper. Sans minimiser, ni votre geste ni l'attitude de l'enfant, reconnaissez votre erreur et exprimez votre regret d'être sorti de vos limites.

Témoignage

L'évolution progressive d'une maman sur le chemin de la non-violence éducative

Mon aîné a fait les frais de mon absence de compétence en matière de non-violence et de mon éducation « traditionnelle » passée. Il a subi quelques fessées, voire une ou deux claques (sachant qu'une fois la première correction donnée, le chemin se trace de plus en plus facilement pour les suivantes).

Lorsque ma cadette est née et a atteint l'âge de parfois attirer les fessées, je me suis rendu compte que ce mode d'autorité était bancal, violent et peu efficace, car j'étais toujours aussi dépassée.

Deux choses m'ont fait définitivement basculer du côté de l'interdit des corrections au sein de ma famille. D'une part, mon fils s'est mis à taper sa sœur, un comportement que je savais très profondément être une imitation de ma propre attitude déplacée. D'autre part, au début de l'instauration des réunions familiales, nos enfants (alors âgés de cinq et trois ans), nous ont demandé de ne plus les frapper. Quelle leçon ! J'ai pris conscience de l'importance et de la négativité d'un mode de fonctionnement que je prenais pour anodin… Nous sommes convenus que tout le monde ferait des efforts et que si nous, nous ne frappions pas, eux non plus…

Quelques mois plus tard, j'ai permis à mon fils de me taper la main aussi fort et aussi longtemps qu'il le voulait, de façon ludique, pour qu'il puisse me rendre toute la violence que je lui avais infligée à travers mes quelques corrections. Depuis, notre autorité implicite, fondée sur les moyens de communication non violents, est bien plus efficace, nos enfants sont épanouis et communiquent sainement...

Le style permissif

Les manifestations...

Que ses parents soient présents ou non, l'enfant est livré à lui-même, sans repère sur ce qui est bien ou mal ou sur ce qui est approprié ou non à son âge. Il souhaite regarder un film déconseillé aux moins de douze ans alors qu'il n'en a que sept, engloutir un pot entier de pâte à tartiner en guise de dîner, gribouiller sur les murs de la maison ? Dans tous les cas, ces comportements n'entraîneront chez ses parents que sourires complices ou haussements d'épaules. Pour eux, amour rime avec permissivité. Ils craignent que le fait de poser des limites ne soit synonyme de brimade, et donc d'un manque d'affection. Laisser leur enfant tout faire, c'est lui montrer à quel point ils tiennent à lui.

Quelles conséquences sur les enfants ?

Puisque tout est permis, il n'y a pas de place pour les discussions ni pour la résolution de problèmes. Ce mode d'éducation génère, en outre, très peu de frustration – laquelle, on l'a vu, est fondamentale dans la maturation émotionnelle. Il génère donc des enfants plus agressifs que la moyenne, surtout si les parents sont également permissifs en ce qui concerne l'agressivité. Puis des adolescents fragiles et vulnérables, aux résultats scolaires plus faibles et au manque de maturité dans leurs comportements et leurs relations sociales. Adultes, ils assument moins de responsabilités et se montrent moins indépendants.

Le style désengagé ou indifférent

Les manifestations...

Ce sont sensiblement les mêmes que pour le mode d'éducation précédent, la dimension «amour» en moins. Ici, si tout est permis, c'est essentiellement parce que les parents sont avant tout amoureux de leur tranquillité. Une attitude qui va souvent de pair avec une absence de suivi des résultats scolaires et des fréquentations de leur enfant, et, de manière générale, avec un manque criant de communication familiale.

Quelles conséquences sur les enfants ?

Ce mode de fonctionnement familial est le plus dommageable, puisqu'il crée un attachement insécurisant (les enfants issus de la génération de parents ayant participé à Mai 68, très tournés vers eux-mêmes et leurs propres priorités, en ont d'ailleurs fait les frais). Ce type d'éducation donne des enfants impulsifs et antisociaux, moins compétents dans leurs liens avec leurs pairs, peu intéressés par la réussite scolaire et incapables d'avoir une autonomie sécurisée.

Le style démocratique

Les manifestations...

Ce mode d'éducation reprend ponctuellement des éléments des trois autres, mais de façon appropriée. Il propose un cadre souple et disciplinant à la fois, visant à guider au mieux le développement des enfants. Les parents y font preuve d'un niveau élevé de discipline et de chaleur et posent des limites claires, tout en répondant aux besoins individuels de l'enfant. C'est, bien sûr, le type d'éducation qui donne le plus de résultats positifs, celui qui a notre préférence et que nous allons détailler dans ce guide.

Quelles conséquences sur les enfants ?

Il faut avant tout parler de bénéfices ! Les enfants élevés sous ces auspices à la fois fermes et respectueux manifestent une meilleure confiance en eux et une meilleure estime de soi, ils obtiennent aussi de meilleurs résultats scolaires. Plus indépendants et plus autonomes, ils se soumettent plus facilement (même à l'adolescence) aux demandes de leurs parents. Par la suite, ce sont des adultes qui adoptent volontiers des comportements altruistes…

Les comportements « toxiques »

Les modes d'échange listés ci-dessous sont agressifs et entretiennent des comportements de dépendance, de non-estime de soi, d'opposition ou de soumission… Bref, ce sont autant de positionnements éducatifs préjudiciables à la prise d'initiatives et à une croissance affective harmonieuse.

- **Confondre la personne qu'est notre enfant** (et qui reçoit notre amour inconditionnel) avec ses attitudes ou ses comportements, qui peuvent nous faire nous fâcher contre lui.
- **L'empêcher de s'exprimer pleinement** (dans le cadre des règles et limites définies dans le foyer), même si cela nous semble dérangeant.
- **Enfermer ses pensées et ses comportements** dans nos propres interprétations ou dans ce que nous souhaiterions qu'il soit.
- **Utiliser un langage qui pose constamment des injonctions :** « Tu dois… Il faut que… »

- **Proférer à son encontre des menaces,** assorties ou non de sanctions effectives : « Si tu fais ou ne fais pas cela... » Les pires étant celles qui prédisent notre rejet ou notre déception.
- **Lui faire du chantage affectif :** « C'est ta faute si j'ai fait cela... » ; « C'est pour toi que je le fais... »
- **Se livrer à des comparaisons entre nos différents enfants** ou entre notre enfant et d'autres de son entourage ou favoriser la compétition entre eux. Ce sont des comportements absolument contre-productifs pour l'estime de soi : l'enfant se doit d'être stimulé pour grandir et pour évoluer, mais à travers ses propres ressources et son dépassement de lui-même. La comparaison, c'est la mort de la relation.
- **Intervenir de façon inadaptée,** trop tôt ou trop tard, dans une situation difficile, une bagarre, un conflit, un choc...
- **Changer perpétuellement de repères,** de rythme, de rituels, d'avis et de type de comportement, surtout face à un enfant en bas âge.

FAQ

Je me mets sur le tard à l'éducation non violente : tout est-il perdu ?

Non, bien sûr, et heureusement ! Tisser – ou retisser – le lien est toujours possible.

Les conséquences de l'attachement insécure ne sont pas une fatalité. Boris Cyrulnick, qui a beaucoup écrit sur le concept de la « résilience* », a montré que la vie offre de nombreuses étapes et bien des occasions de restructuration positive : même si l'attachement proximal ne peut être créé par la mère, il peut l'être par un bon substitut maternel, féminin ou masculin, et notamment par le père. Même dans les cas très sérieux, l'enfant peut revenir très rapidement vers un comportement et un processus de développement « normaux », à la condition que sa famille soit aidée face à ses problèmes et que l'enfant et les siens soient très entourés par des spécialistes et/ou un nouvel environnement.

Dans des cas moins extrêmes, il est toujours possible de changer de comportement et de prendre conscience de ses erreurs. Pour cela, il faut s'informer, trouver des solutions dans des ouvrages ou des articles. Désormais, les publications sont très abondantes sur la parentalité positive. Il existe aussi de très nombreux ateliers pour parents qui vous permettront de partager des solutions avec d'autres parents qui vivent ou ont vécu la même chose que vous. Le point d'orgue étant de comprendre le pourquoi du dysfonctionnement et d'apprendre à accompagner l'enfant à partir de là où il se trouve, lui (c'est à vous, parents, de faire le chemin, et non pas à lui de se couler dans votre moule).

LES LIMITES : COMMENT LES POSER ET LES FAIRE RESPECTER ?

La meilleure éducation possible est, on l'a vu, fondée sur la bienveillance non violente, porteuse d'un cadre. Le tout exprimé autour de liens familiaux forts et aimants, qui donnent une juste place à chacun des membres de la famille.

D'abord, se remettre soi-même en question[B2]

La construction de ce modèle flexible et constructif passe d'abord par une remise en question de la part des parents : Quel a été le modèle de ma propre éducation ? Ai-je connu la bienveillance dans mon enfance ? Est-ce que je la connais aujourd'hui ? Suis-je bienveillant, déjà, avec moi-même ?

En effet, avant de parvenir à vous positionner de manière claire et efficace face à votre enfant, guérir certaines blessures de votre propre enfance est nécessaire, même si cela soulève des souvenirs pénibles. En effet, il se peut que le problème de votre enfant ne fasse qu'écho au vôtre. Face à un problème récurrent de comportement de la part de celui-ci, l'une des premières questions à vous poser est de savoir si ce problème est bien exclusivement le sien, ou s'il essaie inconsciemment de résoudre un problème pour vous, et lequel ? Avant de l'emmener consulter, vérifiez qu'il n'y a pas chez vous des maturations et des peurs que vous n'avez pas dépassées. Cela pourra peut-être vous faire réaliser pourquoi sur certains sujets, face à certaines attitudes de votre enfant, vous vous sentez si vite débordé... Pour lui comme pour vous, les exercices d'art-thérapie pourront se révéler très utiles.

Si on a eu des parents toxiques, peut-on facilement devenir des parents bienveillants ?

À moins d'avoir été ou de vous être « déprogrammé » (au fil de vos expériences de jeune adulte ou d'une résilience) avant d'avoir des enfants, il vous faudra certainement surmonter et transformer cette expérience pour ne pas la transposer sur eux. En effet, comme nous l'avons vu en première partie, l'ensemble de la personnalité se monte pièce par pièce, essentiellement à travers la relation avec l'entourage et avec l'environnement, à commencer par les parents. Les enfants de parents alcooliques, par exemple, pourront soit reproduire ce comportement, soit tenteront d'adopter une attitude opposée... Dans tous les cas, les enfants renvoient immanquablement leurs parents aux pièces défaillantes de leur construction. Mais ils peuvent aussi permettre à ces derniers, s'ils en ont conscience et s'ils font une démarche en ce sens, de réparer leur intégrité, au long de leur propre construction. Car le précieux fil invisible qui se crée entre un parent et son enfant est bénéfique pour les deux parties !

Le non-dit, véritable poison mental dans les familles

Tout ce que vous ne réglerez pas de votre propre histoire, voire de l'histoire plus générale de votre famille, risque de se muer en non-dits qui retomberont sur les épaules de votre enfant. Les non-dits sont du poison pour les liens familiaux. C'est pourquoi mieux vaut tout dire, dans un langage adapté à l'enfant, que lui cacher des choses, sous couvert de le préserver. On sait désormais qu'il faut que l'enfant, même très petit, participe à tous les événements familiaux, les plus pénibles comme les meilleurs, à travers une verbalisation adaptée.

La psycho-généalogie familiale peut vous aider à lutter contre ces « fantômes de placard ». Pourquoi ne pas participer à un atelier de constellations familiales ? Il s'agit de sessions de groupes où sont mises en scène les interdépendances entre les membres d'une famille, où chacun des participants va jouer le rôle de l'un des membres de la famille impliqués. Ces jeux de rôle, qui visent à mettre en évidence les dynamiques inconscientes qui nous font souffrir, mettent en mouvement des sentiments très profonds et parfois très perturbants. D'où la nécessité de s'assurer, au préalable, des réelles capacités du thérapeute (diplômes, expérience, retours d'autres patients...).

Les premières limites, implicites, sont à déterminer avec votre conjoint

Que l'on partage les mêmes points de vue ou non, il n'y a pas deux autorités qui se ressemblent : de chacun de nous émane une autorité particulière et unique. Il s'agit donc de déterminer des priorités et des compromis éducatifs au sein du couple, et de convenir de les appliquer de concert. Même si vos différences sont précieuses, il faut éviter de laisser voir à l'enfant vos éventuelles dissensions sur telle ou telle situation.

Un « contrat » écrit pour expliciter les règles familiales

Il s'agit ensuite, au cas par cas, de poser les interdits et de faire respecter les limites fixées.

Pour cela, pourquoi ne pas établir explicitement, par écrit, une « charte familiale » ? On y distinguera les «lois» (principes familiaux non négociables – par exemple : les repas se prennent tous ensemble), les règles générales (fermes, mais plus souples) et, le cas échéant, les engagements spécifiques de chacun. En listant de manière précise et chronologique – éventuellement sous l'aspect de dessins représentatifs et ludiques – les rituels journaliers à effectuer (le bain, le repas, le brossage des dents...), le contrat peut aussi aider un petit enfant à s'auto-responsabiliser.

À cette batterie de références viendront s'ajouter, au fur et à mesure, des contrats spécifiques à tel ou tel problème, individuel ou concernant l'ensemble de la fratrie.

À chaque réunion familiale (voir p. 91), la situation est énoncée et écrite ou illustrée. Les solutions retenues en dialoguant avec l'enfant y sont notées, ainsi que les conséquences prévisibles s'il ne les met pas en œuvre... Chacun signe (les enfants les plus jeunes peuvent faire une croix), et on affiche le contrat en bonne place dans la pièce de vie, afin que chacun puisse s'y référer le plus facilement et le plus fréquemment possible.

Se faire obéir sans crier : mode d'emploi

Identifiez précisément ce que vous voulez obtenir et soyez clair avec vous-même sur ce que vous allez formuler.

Exprimez la demande de façon courte et claire sur ce qui est important pour vous et assurez-vous que vous avez été bien compris (au besoin, faites répéter la consigne par l'enfant).

Si vous souhaitez être écouté, mettez-vous à son niveau (en vous accroupissant s'il est petit, notamment) et regardez-le bien dans les yeux (insistez pour qu'il vous regarde s'il détourne les yeux). Tenez-vous bien droit, adoptez une élocution claire et ralentissez votre débit. L'expression de votre visage doit être en accord avec le ton de votre voix : si vous vous retenez de rire en le grondant, vos propos demeureront lettre morte !

➔ **N'enrobez pas trop** – pour le moment du moins – votre demande d'explications ou de justifications, sous peine de perdre en efficacité.

➔ **Vérifiez avec l'enfant qu'il possède bien toutes les données,** le bon matériel, à quel endroit celui-ci se trouve si vous lui demandez d'aller le chercher, etc.

➔ **Selon les cas, demandez une réponse/action soit immédiate,** soit dans un délai précis à court ou à moyen terme. Établissez un compromis avec l'enfant (et, le cas échéant, avec les autres personnes impliquées dans la situation). Par exemple, vous pouvez envisager de mettre le problème à l'ordre du jour de la prochaine réunion familiale et d'établir un protocole temporaire jusque-là.

N'oubliez pas que l'apprentissage, avant de s'intégrer dans la mémoire à long terme, demande de nombreuses répétitions de la même situation. Souvent, d'ailleurs, au début de la mise en place d'une nouvelle tâche, l'enfant oublie systématiquement, à notre grande exaspération, toutes les explications déjà données. Dites-vous bien qu'il apprend et qu'il n'agit pas contre vous. Efforcez-vous donc de répéter les consignes sans le gronder.

➜ **Si la tâche est répétitive** (se brosser les dents, dresser ou débarrasser la table, mettre ses affaires au sale...), établissez éventuellement un contrat imagé, auquel il pourra se référer.

➜ **Jouez aussi sur le mimétisme des premières années :** les enfants adorent faire comme nous. Accompagnez-les et, par exemple, brossez-vous les dents ou rangez avec eux.

➜ **Favorisez la coopération,** en offrant un ou plusieurs choix, laissant ainsi moins de place au refus : « Veux-tu mettre cette robe ou préfères-tu cette jupe ? » ; « Entre telle, telle ou telle solution, laquelle préfères-tu ? » Ou encore : « Je sais que dans ta liste d'aliments que tu n'aimes pas, il y a la tomate et l'avocat : comme je propose les deux ce soir, lequel préfères-tu goûter ? »

➜ **Efforcez-vous parfois de dire les choses en quelques mots, ou en faisant un geste :** si vous souhaitez que les livres soient rangés, dites simplement gentiment : « Les livres », en les montrant. Ou encore, pour les plus petits, accompagnez le mouvement : « Mes mains vont ranger les livres... Les tiennes vont-elles m'accompagner ? »

➥ **Enfin, vous pouvez écrire une note** (ou un dessin), à mettre bien en évidence, représentant la situation telle qu'elle est et telle que vous souhaitez qu'elle soit résolue.
➥ **Si vous vous sentez exploser,** isolez-vous et reprenez votre calme.
➥ **Remerciez l'enfant pour cet échange ou pour sa coopération,** même si sa réponse ou son action ne «colle» pas complètement à votre attente ou que vous avez été obligé de faire des concessions. Ainsi, vous le valorisez et reconnaissez son utilité. La prochaine fois, ce sera encore mieux!

La méthode Faber et Mazlich[B3] ou la prise de distance pour désamorcer les situations explosives

Adele Faber et Elaine Mazlish sont deux mères de famille américaines qui ont suivi durant plusieurs années des ateliers de communication et d'éducation quotidienne non violente pour les enfants délivrés par leur mentor, le psychologue Haim Ginot. Aujourd'hui mondialement reconnues pour leurs apports en matière de communication respectueuse entre parents et enfants, elles ont développé une méthode qui a fait ses preuves.

Le principe? Amener l'enfant à prendre de la distance par rapport aux événements, pour ne pas entrer en réaction, en utilisant le mode descriptif. « Je vois que… » Par exemple, « Je vois un petit garçon bien en colère », « Je vois des affaires sales par terre plutôt qu'à leur place dans le bac à linge sale », etc. Un peu difficile à s'approprier au début, du fait de l'étrangeté de ce discours, cette méthode s'intègre finalement assez vite… D'ailleurs ce besoin d'apprentissage possède des propriétés par lui-même : en effet, au début, alors que placé face à une situation de crise, vous essayez de trouver la formulation adéquate, le laps de temps ainsi nécessité désamorce bien souvent un phénomène qui aurait sans doute dégénéré si nous avions réagi immédiatement.

Comment faire passer au mieux l'interdit ?

Nous ne le répéterons jamais assez : loin de brimer l'enfant, l'interdit, même si – et parce qu'il est générateur de frustration – est fondateur. Dans sa tête, en effet, la notion de limite n'est pas innée, ce qui lui apparaît comme aussi merveilleux que terriblement angoissant. Le « non » vient poser des frontières à son univers aux possibilités infinies, ce qui le rassure profondément.

Si vous décidez de dire non à une demande ou de poser un interdit, ne tentez pas forcément de vous justifier : c'est l'apanage du monde des adultes que de pouvoir parfois trancher sans s'expliquer. Si l'enfant insiste, vous pouvez lui expliquer simplement votre position et/ou vous référer aux règles et aux limites établies par la famille. Toujours, si possible, sans vous énerver. Vous pouvez aussi couper court de manière ferme : « Je souhaite que tu t'arrêtes maintenant. » Ou encore – notamment si vous avez conclu ensemble un « contrat » assez précis – lui signifier qu'il est dans une zone bien connue, où il a du mal à lâcher prise et où vous aviez promis chacun de faire des efforts : pointez que c'est maintenant qu'il faut s'appliquer sur ce que vous essayez tous deux d'améliorer au quotidien et qu'il sera vain d'être désolé, après, s'il n'a pas tenté d'efforts...

Que faire si votre conjoint a dit non sans votre accord ou sans que vous le sachiez ?

Même si vous êtes en désaccord manifeste sur la question, évitez de contredire votre conjoint devant votre enfant, sous peine de livrer celui-ci à un sentiment d'insécurité. Vous vous en expliquerez plus tard ensemble, une fois seuls. Si vous êtes mis devant le fait accompli, expliquez à l'enfant que vous ne saviez pas que papa ou maman avait déjà répondu. Que vous vous rangez pour l'instant à ce premier avis, mais qu'éventuellement vous en rediscuterez...

Dans tous les cas, si vous finissez par dire oui après un refus initial, précisez bien que c'est exceptionnel, en évoquant un argument très objectif et valable qui explique la raison de votre revirement (« Je t'avais dit de ne pas mettre cette robe parce que je pensais qu'il allait pleuvoir, mais finalement il va faire beau, alors c'est d'accord »). Dans le même temps, expliquez aussi qu'il est également possible, pour un adulte, de changer parfois d'avis... Attention toutefois à ne pas abuser de ce revirement, sous peine que cela ne devienne insécurisant pour l'enfant... et/ou qu'il en abuse ouvertement !

Gronder et punir, oui, mais pas n'importe comment...

Comment formuler des reproches de manière constructive ?

Seules les critiques constructives vont permettre de respecter l'intégrité de l'estime de soi de votre enfant.

➔ **Soyez bien clair sur le fait que vous critiquez un comportement ou une attitude,** et pas l'enfant lui-même (rappelez-le à chaque remise en question, pour apporter du renforcement positif à vos propos).

➥ **Évitez de vous laisser envahir par les émotions négatives du moment.** Si besoin, prenez de la distance en suspendant la conversation et en vous isolant quelques minutes, avant de perdre totalement votre sang-froid.

➥ **Nommer ce qu'il a fait ou n'a pas fait :** « Je vois une petite fille qui n'a toujours pas fait ses devoirs, malgré le contrat qu'elle a passé »... Ne profitez surtout pas de la formulation d'un reproche pour en ajouter d'autres, qui étaient en attente !

➥ **Évaluez objectivement les conséquences du fait non accompli** pour vous et pour les autres (c'est dangereux, c'est sale, c'est hors des limites...).

Sans entrer dans le chantage affectif, vous pouvez, pour renforcer vos propos, mettre l'accent sur le côté subjectif, notamment pour activer la compassion de l'enfant : « Nous avions dit que nous ferions tous des efforts sur ce sujet. Or, je vois que l'un d'entre nous n'en fait pas : pourquoi les autres en feraient alors ? Cela nous coûte, à nous aussi... » Ou encore : « Nous avons tous décidé de ne plus taper dans cette famille. Je vois que toi, tu continues de taper ta sœur : pourquoi continuerions-nous à faire l'effort de nous retenir, si toi, tu ne le fais pas ? »

➥ **L'impliquer,** en lui demandant comment lui pourrait proposer de résoudre le problème, soit rapidement, soit en le mettant à l'ordre du jour de la prochaine réunion familiale. Si le problème a déjà été évoqué et la solution non appliquée, mettre en œuvre la sanction prévue et évoquer à nouveau la question tous ensemble en cas d'échec.

➥ **Une fois la solution trouvée ou évoquée,** exprimez toujours quelque chose de positif : « Je suis content de cet échange/de ton attitude », « Cela m'a beaucoup aidé que tu aies fait ceci ou cela », etc.

L'autodiscipline comme alternative aux punitions

Appliquer une responsabilisation en accord avec le problème posé et en laissant l'enfant faire face aux conséquences de sa conduite : « Il a fait des graffitis sur le mur ? Eh bien, il va prendre une éponge et nettoyer... » ; « Il a emprunté un objet à sa sœur et l'a cassé ? Soit il le remplace par un autre, soit il rend un service qui lui donnera un peu de sous pour le remplacer », etc.

Non seulement cette façon de faire va l'aider à apprendre à assumer les conséquences de ses actes, mais de plus il va ainsi comprendre que, la plupart du temps, il peut trouver une solution (seul ou accompagné) pour réparer ses erreurs, élargissant du même coup un périmètre d'action sécurisant. Enfin, il va expérimenter que certaines conséquences ne sont pas réparables (comme le fait de déchirer une photo ou de casser un objet auquel on tient). Instituant ainsi une nouvelle limite, implicite : on ne peut pas revenir sur certaines actions...

LES CLÉS DE VOÛTE D'UNE BONNE COMMUNICATION FAMILIALE

Créer des espaces de communication

On n'échange pas n'importe quoi n'importe où. C'est pourquoi la formalisation d'espaces et de temps de rencontres dédiés, de manière plus ou moins usuelle, à la communication familiale, sans interférences de quelque sorte (activités, télévision, téléphone, etc.), est fondamentale pour prévenir et dénouer les éventuels problèmes.

➘ **Premier espace de communication à investir :** le repas. Faites en sorte que dans la semaine plusieurs repas – au moins le dîner – soient pris tous ensemble. Il semble favorable que chacun ait toujours la même place à table : cela permet à l'enfant de mieux investir son territoire et son espace au sein de la famille. Il s'agira alors pour chacun, à tour de rôle, de raconter au moins un ou deux événements qui l'ont marqué depuis le dernier repas familial. Pour que tout se passe bien, l'un des parents, ou l'un des enfants les plus grands, est nommé médiateur (essayez de faire tourner cette fonction). Ce médiateur est le garant du respect des règles et de l'équilibre de temps de parole pour chacun. Lui seul peut relancer celui qui a la parole, en demandant par exemple des précisions… Lorsque le récit est fini, chacun, à tour de rôle, peut poser une ou plusieurs questions sur ce qui vient d'être dit.

➔ **Autre espace de communication** : les réunions de famille, selon ce que Faber et Mazlish (cf. p. 85) appellent la « méthode de résolution de problème ». Celles-ci doivent avoir lieu à des dates régulières pour la cohérence inconsciente de la famille. Par exemple, une fois par semaine ou tous les quinze jours. Ces dates doivent être écrites sur un planning et affichées, au moins deux ou trois séances à l'avance. Vous y aborderez résolutions de problèmes, réajustements des règles au sein du foyer, distribution des tâches (sous forme, par exemple, d'un planning simple et général, affiché sur le réfrigérateur et répertoriant les tâches ménagères, ainsi que les personnes qui en sont chargées), ainsi que l'examen des éventuels contrats en cours : sont-ils bien respectés, faut-il les réajuster, en faire de nouveaux, etc. Vous pouvez aussi marquer le temps de réunion en allumant une bougie au début et en l'éteignant à la fin. Là aussi, essayez de formaliser ce rendez-vous en vous plaçant toujours au même endroit, chacun à la même place.

Exemple de planning de distribution des tâches

	Lundi	Mardi	Mercredi
Mettre la table	Élodie	Maman	Papa
Sortir la poubelle	Papa	Frantz	Élodie
Nourrir et sortir le chien	Maman	Papa	Frantz

➜ **Ces réunions seront aussi des moments privilégiés** pour évoquer les vacances, réfléchir au cadeau d'anniversaire de mamie... L'idée est que chaque membre de la famille trouve sa place, les enfants partageant leurs avis sur les choses et s'habituant à trouver de nouvelles ressources. Comme pour les repas, nommez un médiateur, garant du bon suivi des choses. Si vous en avez le temps, prévoyez un rapide ordre du jour, à disposition de chacun (tout le monde peut avoir, ou non, apporté un sujet, par oral, par écrit ou sous forme d'un dessin, pour les plus jeunes), dont vous établirez les priorités lors de la réunion.

➜ **Enfin, au sein du foyer :** l'espace dédié à une communication ponctuelle, de « crise », lors d'un problème aigu à régler rapidement, d'un conflit, d'un chagrin... Le plus souvent, c'est un espace implicite entre deux ou trois membres de la famille (s'il y a une fratrie) qui se définit surtout par le fait qu'il ne doit accueillir que les personnes concernées par le problème – par exemple, un parent et les deux enfants de la fratrie qui se sont disputés. Il est d'ailleurs préférable que le parent soit calme pour apaiser les enfants et contenir l'atmosphère probablement électrique, car c'est lui qui, par son rôle d'adulte marquant l'autorité, définit un espace d'explications et de réconciliation.

↳ **Il peut être intéressant, toujours dans une optique de planification structurante, de vous répartir des tranches horaires et même des rôles** (dans cette tranche-là, c'est Untel qui est responsable, c'est lui à qui l'on s'adresse et qui gère tels ou tels problèmes ou questions...). Votre enfant va ainsi pouvoir se rendre compte que tous les espaces ne servent pas aux mêmes choses. Vous lui expliquerez sans doute, lorsqu'il prendra conscience de ses attributs sexuels, que ceux-ci peuvent être explorés, mais dans l'espace d'intimité de sa chambre ou de son lit (cf. p. 44). Vous pouvez aussi lui demander de différencier la maison et la cour de récréation. Autant il peut avoir un certain langage avec ses camarades, autant, à la maison, il est souhaitable qu'il fasse attention aux jurons (là aussi, les limites acceptables peuvent être discutées en réunion et ensuite « tout le monde fera attention », l'exemple restant l'un des traits les plus efficaces de ce type d'éducation).

À chacun son temps de parole !

Si vous faites des réunions de famille, il faut absolument définir des règles de temps de parole, pour que cela ne tourne pas au fouillis général. Chacun doit apprendre à attendre son tour pour parler, ainsi qu'à s'exprimer durant un temps plus ou moins défini, mais équitable par rapport à celui dont disposent les autres membres de la famille. On apprend à se taire pour écouter l'autre et à être patient, ce qui oblige à se décentrer de soi pour se concentrer sur l'autre et sur son vécu... Cette limitation, en obligeant l'enfant à formuler ce qu'il a à dire en des termes aussi clairs et concis que possible, constitue de plus un excellent entraînement à l'expression verbale...

➥ **Vous pouvez représenter la prise de la parole par un objet,** comme le fameux bâton de parole, utilisé ou parodié dans de nombreux films. Une autre idée de symbolisation peut être une pierre semi-précieuse ovale, de la taille d'un abricot. Nos suggestions : le quartz rose (qui calme et exacerbe les valeurs du cœur), l'améthyste (qui recentre, augmente les capacités d'attention et ramène le calme) ou encore le jade blanc (qui apaise l'esprit et l'hyperactivité cérébrale ou la rumination des pensées).

➥ **Profitez de ces moments pour apprendre à votre enfant à adapter judicieusement son**

ton et son débit. Et s'il parle trop fort, il ne sert à rien de crier pour couvrir sa voix, au contraire ! Mettez-vous plutôt à parler tout bas pour lui demander de baisser le ton... Une méthode qui fait des miracles !

Le valoriser pour lui donner un nouvel élan

S'il est enfermé dans un rôle, par vous, par ses frères et sœurs, par ses camarades (le paresseux, le lent d'esprit, la coquette écervelée...), aidez-le à s'en dégager. Présentez-lui une nouvelle image de lui-même, décrivez-le d'un œil différent et bienveillant. Faites en sorte que chacun se comporte de même au sein de la famille (là aussi, cela peut être un sujet de débat lors d'une réunion familiale). L'enfant va pouvoir se voir dans vos yeux et se sentir aimé en globalité et autorisé à exister avec ses différences ou ses erreurs...

Le compliment descriptif valorisant participe grandement à ce processus. Par exemple, vous pouvez lui dire : « J'aime beaucoup ta manière de dessiner ça... » ; « J'aime que tu obéisses de plus en plus vite sur ce point qui nous pose des soucis depuis si longtemps... » ; « J'aime tes jolis yeux, sourire, fossette, expressions, petits pieds... » Ne le laissez pas non plus se dévaloriser : décidez de bannir les petites phrases comme « Je suis trop nul(le) » ou « Je n'y arriverai jamais » en nuançant les choses : « Cette fois-ci, tu n'y es pas arrivé, à cause de ceci ou de cela, mais je te trouve très courageux d'avoir essayé... Et puis, on peut faire ça, ça ou ça... Cela ira mieux, qu'en penses-tu ? Pourrais-tu songer à une autre solution, toi ? » ; « Mais si, bravo, tu peux être fier d'avoir essayé, c'est obligé que ça ne marche pas tout de suite... Il faut un peu de temps, t'entraîner... », etc. Habituez-le ainsi, à travers votre exemple, à voir le verre à moitié plein plutôt qu'à moitié vide. Prenez aussi l'habitude de pointer les choses agréables du quotidien (les oiseaux qui chantent sur le trajet de l'école, le soleil qui se lève dans de jolies couleurs, le vent qui vous rafraîchit...).

Le complimenter, oui, mais pas n'importe comment !

Comme nous venons de l'évoquer, les meilleurs compliments sont descriptifs, courts et clairs. Ils consistent à remarquer et à mentionner très précisément ce que votre enfant a bien fait ou ce qu'il n'a pas mal fait.

Face à un dessin qu'il vous montre, par exemple, dites-lui ce que vous constatez : « Je vois des couleurs jaunes, oranges et vertes, la maison me semble chaleureuse, le jardin coloré et accueillant », plutôt que de vous livrer à un commentaire évaluatif (« C'est bien » ou « C'est très beau »).

Vous pouvez aussi simplement lui dire : « J'aime beaucoup ce que tu as fait », « Je suis fière de toi, et toi, tu peux vraiment être fier aussi »...

Abandonnez l'attente de le voir faire exactement selon vos souhaits : au contraire, valorisez ses prises d'initiative. Ainsi, il a préféré colorier le ciel en vert ou en rose plutôt qu'en bleu : la belle affaire ! N'est-ce pas plutôt un signe d'originalité et de créativité, une absence de conformisme à saluer ? Le préservant du même coup d'une attitude trop perfectionniste (où il pourrait placer la barre toujours trop haut), pour un optimisme salutaire...

Votre attitude générale non verbale doit accompagner ce compliment oral : sourire, contact visuel (placez-vous, une nouvelle fois, à sa hauteur), toucher chaleureux et bienveillant...

Et sachez qu'il n'y a jamais assez, ni jamais trop de compliments ! Efforcez-vous donc, au quotidien, de trouver, même dans les petites choses qui pourraient paraître insignifiantes (enfiler rapidement ses chaussures, se moucher seul, aller jeter un reste à la poubelle), des gratifications précieuses.

SAVOIR ACCUEILLIR LES ÉMOTIONS DE VOTRE ENFANT

Que sont ces émotions ?[B4]

Comme nous l'avons vu dans la première partie, les émotions sont sous le contrôle des cerveaux primaire et archaïque (cf. p.22). Essentielles pour la survie et pour la vie relationnelle, elles constituent des réponses à des situations bien précises. Elles peuvent être représentées sur un continuum qui irait d'un pôle positif (joie, bonheur, bien-être...) à un pôle négatif (tristesse, colère, peur...).

Il est important d'apprendre à l'enfant, à travers notre propre exemple, à ne pas avoir peur des émotions, mais plutôt à les identifier, à les comprendre et à les nommer. Souvent, ce qui pose problème, ce n'est pas tant l'émotion en elle-même que son intensité, d'autant que l'enfant est très vite débordé, par les émotions autant positives que négatives. C'est l'adulte qui va pouvoir peu à peu l'aider à réguler ces débordements, en les contenant et en y posant des limites ou un cadre (s'il n'est pas aidé, surtout petit, lors de ces processus, l'enfant pourra se sentir en insécurité et adopter une attitude défensive inadaptée, ou, au contraire, tout verrouiller).

L'écoute active

Cette technique de communication parent-enfant, développée par le psychologue américain Thomas Gordon, est aussi appelée système « sans perdant », ou « gagnant-gagant[B5] ». Il s'agit d'une méthode destinée à améliorer la qualité et l'intensité de l'écoute de l'enfant et ainsi de notre compréhension de ce qui lui arrive et/ou de ce qu'il en dit.

Ce type d'écoute permet notamment de comprendre et d'accueillir les émotions de l'enfant, sans qu'elles nous déstabilisent trop et donc sans forcément tenter de les arrêter de suite. Il est possible, dès lors, d'aider l'enfant à mettre peu à peu de la distance avec ces émotions, qu'elles soient plutôt positives (énervement, compétitions lors de jeux entre copains...) ou négatives (liées à de l'anxiété*, comme après un contrôle, ou encore autour d'un refus/manque qui amène à une frustration...).

Loin d'être une simple répétition des mots de l'enfant, l'écoute active vise à focaliser toute son attention verbale et non verbale sur lui lors de nos échanges importants. Voire de lui retourner ce qu'il dit (ou ce qu'on croit qu'il ressent, d'après ses mots), sans juger ni donner son propre avis, à la façon d'un reflet neutre de son propos.

La tristesse, le coup de cafard...

Il est très difficile pour un parent de se sentir impuissant face au chagrin de son enfant. Pourtant, plus ils grandissent et moins il est facile ou possible de les en préserver ou d'intervenir. Comme avec les colères, il s'agit donc de les accompagner, en compatissant et en consolant, tout en tâchant de rester le plus neutre possible. Pour leur permettre de dépasser eux-mêmes ces coups de blues, avec votre soutien affectif, mais sans solution toute faite de votre part.

Si un enfant tombe et pleure, et que les adultes lui disent : « Mais ce n'est rien, tu ne vas pas pleurer ? Les grands, ça ne pleure pas ! », il va assimiler des concepts faussés, comme le fait que plus on grandit, moins il faut que les émotions se voient (ou dérangent)... Même si ses pleurs peuvent sembler démesurés par rapport à la situation, il est utile de reconnaître qu'il y a peut-être quelque chose qui nous échappe : « Je vois que tu as un gros chagrin, parce que tu as eu très peur/parce que tu t'es fait mal... » ou encore : « Qu'est-ce qui fait qu'au-dedans de toi, tu aies de si grosses larmes ? »

Votre enfant ou votre adolescent revient de l'école avec un chagrin d'amitié ponctuel : tel ami(e) l'a exclu avec méchanceté, par exemple. Demandez-lui de vous décrire ce qui s'est passé (s'il ne veut pas, vous pouvez tenter de recourir à la « marionnette haut-parleur[14] » afin d'y voir plus clair tous les deux). Ne jugez pas, tentez plutôt de trouver ensemble des solutions, si possible avec humour... Si cela ne se résout pas, vous pouvez aussi recourir à la méthode de résolution de problèmes de Faber et Mazlish (cf. p. 85).

Les peurs

Nous avons vu que les grandes maturations affectives et cognitives s'accompagnent de périodes normales de peurs, plus ou moins exacerbées par l'histoire de l'enfant. Les contes, les histoires, les dessins animés ou les films seront vos grands alliés dans ces périodes. Vous trouverez également, dans la troisième partie, des exercices ou des solutions thérapeutiques alternatives pour vous aider.

Au quotidien, un enfant qui a peur ou qui se sent régulièrement en insécurité pourra développer de l'agressivité. D'autant plus qu'on va lui coller l'étiquette d'agressif ou de colérique, au lieu d'être attentif à son bien-être émotionnel et de décrypter les situations qu'il ressent comme anxiogènes. L'aidant ainsi à les comprendre et à voir qu'elles ne sont pas si terribles.

Prenons l'exemple d'un petit enfant qui visite Paris pour la première fois avec ses parents. Il entend ceux-ci dire qu'ils vont prendre les Bateaux-Mouches. Lui, qui n'en a jamais vu,

---

14. Cf. partie 3, p. 177.

visualise en pensée de tout petits bateaux volants. En tout cas, qui ne doivent vraiment pas être stables… Si ses parents rient de sa peur et la nient sans tenter de l'expliciter : « Mais ce n'est rien, tu vas voir, ça va te plaire… », l'enfant reste seul avec son incompréhension et sa peur, minimisées en paroles mais encore accrues en pensée. Avec le risque qu'il refuse violemment d'embarquer, gâchant ainsi le plaisir de tous et se privant d'une expérience qui aurait pu être très agréable.

En revanche, si ses parents prêtent attention à la situation, ils peuvent comprendre que l'enfant ne sait pas ce qu'est un Bateau-Mouche et le rassurer en lui expliquant qu'il s'agit de gros bateaux très sûrs et très stables, qui circulent sur une rivière (et pas du tout sur une grande surface d'eau comme la mer)… Ils peuvent aussi lui proposer de lui prendre la main ou de faire un câlin s'il n'est pas à l'aise, lui rappelant toutefois qu'il sait nager, qu'il n'y a jamais eu d'accidents graves mais qu'il y a des bouées au cas où.

La colère

À partir du moment où nous refusons quelque chose à l'enfant, il peut manifester très violemment son désaccord dans une crise de colère[15].

15. Ce mécanisme a été étudié, notamment, par la Suissesse Aletha Solter[B6], docteur en psychologie, diplômée en biologie humaine et élève de Jean Piaget. Elle est à l'origine des « principes des parents conscients » (qui savent combler les besoins de leurs enfants).

Parfois parce qu'il est débordé par la frustration, parfois parce qu'il prend appui sur ce prétexte pour décharger des émotions mal gérées sur le moment, qui resurgiront devant votre refus.

Ces manifestations peuvent être très bruyantes, voire effrayantes (certains tout-petits en arrivent parfois à bloquer leur respiration, au grand désarroi de leurs parents !). D'autant plus qu'une crise de colère libératrice peut durer une bonne quinzaine de minutes ! Bien qu'on sache souvent que s'énerver ne fera qu'empirer les choses, il n'est pas facile de garder son sang-froid face à un enfant qui trépigne et qui hurle...

Comment désamorcer la crise en douceur ?

Bien sûr, cela dépendra beaucoup de la situation et du caractère de l'enfant... C'est le quotidien qui vous donnera des clés propres à sa personnalité.

Cependant, vous pouvez :

➜ **lui demander de recourir aux différentes techniques ou aux gestes d'urgence** proposés en partie 3 (cf. p. 146 et 196), auxquels il est supposé s'être entraîné, pour extérioriser son excitation puis/ou s'apaiser ;

➜ **lui proposer d'exprimer** (et ainsi de canaliser, lorsque c'est possible) **sa colère** en frappant un oreiller, ou une peluche préposée à cet effet (que vous pouvez identifier comme étant « monsieur ou madame pas content ») ;

- **vous référer à d'éventuels contrats existants,** dans lesquels il avait promis d'être sage ;
- **lui proposer de faire un nouveau contrat** ou d'inscrire le sujet à l'ordre du jour de votre prochaine réunion familiale ;
- **le faire parler de son désir,** en utilisant l'humour et l'imaginaire, pour désamorcer sa colère... Par exemple, si votre enfant se met à geindre parce qu'il a faim en plein milieu d'un trajet en voiture, alors qu'il n'y a pas d'autre solution que d'attendre un peu, vous pouvez commencer le petit jeu suivant pour détourner son attention : « Moi, j'ai plus faim que toi... Tu verras quand on sera arrivés, c'est moi qui mangerai le plus... Voyons voir, qu'est-ce que je vais manger... une énoooorme pizza Marguerita. » Les enfants adorent cela et le vôtre répliquera certainement que non, c'est lui qui a le plus faim et que sa pizza à lui sera deux fois plus énorme. Vous en rirez, les autres passagers se mettront à participer et les rires permettront de dépasser en douceur ce petit coup de cafard alimentaire.

Comment gérer une crise de colère ?

Tout d'abord, afin d'accueillir au mieux l'explosion, parfois violente, qui va suivre, il faut vous recentrer, éventuellement grâce à des exercices d'apaisement (cf. partie 3, p. 143), que vous pouvez pratiquer pour vous-même autant que pour votre enfant.

Si vous le pouvez, isolez-vous quelques instants et branchez-vous sur votre cœur : « Je l'aime, c'est la chair de ma chair... », « Il est si petit, il sait si mal contenir ses émotions » ou encore « Ce matin, il a fait ça et ça de si bien », etc.

Il est parfois aussi utile de poser des limites claires : « Tu as le droit d'être en colère, mais je n'accepte pas que tu jettes ton bol par terre », en plus de lui dire clairement votre désaccord.

➜ Si vous ne vous sentez pas d'affronter la scène, vous en avez le droit! Signifiez-lui, le plus calmement possible, que vous ne pouvez pas l'accompagner plus loin : « Tu as le droit de te mettre en colère, par contre je ne pourrai pas t'écouter jusqu'au bout ce soir, ma journée m'a trop épuisé(e) ». Et laissez-le se calmer seul. Pour ce faire, vous pouvez l'envoyer dans sa chambre ou sur une « chaise de réflexion ». Selon son âge, proposez-lui de revenir quand il se sentira mieux ou de vous appeler s'il a besoin de quelque chose ou d'aide pour recouvrer son calme...

➜ Pendant la crise :

• ponctuez vos phrases de termes tendres (« mon amour », « mon chéri », ou tout autre qualificatif aimant que vous utilisez avec lui), cela va vous permettre de rester connecté à votre cœur ;

• et si, malgré votre bonne volonté, vous explosez, sitôt que vous vous calmez, allez contenir votre enfant qui, lui, n'a pas forcément cette capacité. Utilisez votre limite physique (en le tenant fort dans le bras, par exemple) pour l'aider à revenir dans ses limites corporelles à lui. Atterrissez tous deux en douceur, pardonnez-vous l'un l'autre de vous être laissés déborder cette fois-ci (même si vous avez succombé à l'usage de la correction, à éviter : cf. aussi p. 69).

➘ **Lorsque vous êtes apaisés tous les deux,** verbalisez ensemble l'événement et les enjeux de cette éruption. Expliquez-vous, dites-vous que la prochaine fois vous ferez mieux, et surtout... câlinez-vous !

Accompagner les symptômes de somatisation

Quand un enfant est anxieux (en aval d'une situation délicate ou en anticipation de celle-ci), il va avoir besoin d'attirer votre attention sur son mal-être, en somatisant (mal à la gorge ou supposée fièvre – « Maman touche mon front, il est très chaud », envie de vomir, mal au ventre...). Autant des petits maux qui pourraient sembler anodins mais qui, s'ils sont accueillis et reconnus, pourront aider l'enfant à ne plus être débordé émotionnellement. Pour cela, ayez toujours quelque chose à lui proposer pour soulager ces symptômes :

- **une bouillotte chaude** s'il a mal au ventre ;
- **des granules d'homéopathie** (cf. p. 199) ;
- **une petite lumière dans sa chambre** pour le rassurer ;
- **une écharpe ou un autre objet à vous...** (plus l'objet sera précieux à vos yeux, plus l'enfant sera apaisé) ;
- **s'il se sent nauséeux,** fournissez-lui une bassine pour vomir (en lui donnant le droit de se promener avec elle, au cas où, et en lui spécifiant bien que vous serez là pour l'accompagner si c'est nécessaire), etc.
- **Pour l'aider à dépasser ce qui le déborde,** vous pouvez aussi lui proposer d'effectuer certains des petits exercices proposés dans la troisième partie : art-thérapie, la boîte à peurs, un massage, une petite relaxation d'hypnose...
- **Il s'agit de signifier à l'enfant que l'on est à l'écoute de son mal-être** et que l'on essaie d'y trouver une réponse appropriée. Si ces symptômes se pérennisent en dépit de vos efforts, il est important de trouver ce qui se cache derrière. Évoquez d'abord la question avec les autres personnes en lien avec l'enfant (selon son âge, la nounou, le maître ou la maîtresse, les professeurs ou les animateurs des activités extérieures...). Ensuite, consultez éventuellement un pédopsychiatre ou un psychologue spécialisé.

Le lien et la métaphore de l'écharpe, selon Jacques Salomé

Jacques Salomé[B7] est un psychosociologue français, pionnier du développement personnel et auteur reconnu de nombreux ouvrages, notamment sur les principes d'enseignement, d'accompagnement des enfants et de communication (qu'il nomme système SAPPE et méthode ESPERE[16]). C'est sous forme d'« écharpe relationnelle » qu'il présente le lien entre deux êtres. Une symbolique simple qui permet de faire comprendre à l'enfant ce qu'est le lien, ce qui y circule, comment, avec quels enjeux...

Au début, ce lien est de nature fusionnelle, sans distanciation entre le nourrisson et sa mère (ou le substitut de celle-ci). Puis, peu à peu, une distance se crée inéluctablement. C'est le moment où le bébé réalise qu'il n'est pas un tout avec le reste de son monde. C'est là aussi que commence à se tisser le lien qui lui permet de dé-fusionner, tout en restant relié. D'ailleurs, lorsque le contact physique se fait moins proche, à la faveur de la prise d'une juste distance, il peut être très sécurisant pour votre tout-petit de matérialiser encore un peu ce lien : par exemple,

16. SAPPE : Sourd, Aveugle, Pernicieux, Pervers, Énergétivore. ESPERE : Énergie Spécifique Pour une Écologie Relationnelle Essentielle.

en lui donnant souvent la main ou en lui tenant les pieds (lors de trajets en voiture notamment, où vous pouvez, à nouveau, être devant et lui derrière...). Ainsi se tissent les précieux fils invisibles qui relient chacun aux autres.

L'écharpe dont parle Jacques Salomé constitue un canal où circulent, dans les deux sens, des demandes, des attentes et des réponses. Avec, aux deux extrémités, des réservoirs de gratifications (amenant à de la satisfaction) ou de frustration (amenant à des insatisfactions). L'enjeu d'un bon tissage est que chacun soit responsable de son bout d'écharpe, en respectant les autres et leur propre bout, mais sans se laisser happer par ce qui se passe au niveau du bout de l'autre, ni de ses interprétations ou attentes de ce qui passe ou doit passer dans l'écharpe.

S'impliquer pour mieux impliquer son enfant

Guidez votre enfant avec empathie et formulez avec lui, pour lui permettre d'identifier, en tâchant de vous impliquer au maximum :

- **les idées** (« Moi, je pense cela sur ce sujet... » ; « Tu penses cela aussi, toi ? » ou « Moi, je crois plutôt cela », etc.) ;

- **les faits** («Qu'est-ce qui s'est passé?»; «Peux-tu me raconter ce qui est arrivé à ce moment-là?»);
- **le ressenti personnel et le retentissement intime:** «Comment as-tu vécu ce qui s'est passé?»; «Moi, j'ai eu drôlement peur... Si ça se trouve, je vais même faire des cauchemars après ça»...

Lui exprimer vos propres limites

Parlez à la première personne (un «je» personnalisé et non pas un «je» égocentrique) : «Je suis fatiguée, mon sac de patience est vide, il ne m'en reste plus pour ça...» ou encore «Cela fait plusieurs fois qu'on se dispute à ce sujet: jusqu'ici, j'ai pu être compréhensive, maintenant je vais me fâcher...», plutôt que «Tu me fatigues», «Tu es insupportable», «Tu ne comprends donc rien», etc.

Donner le bon exemple

Apprenez-lui (en premier lieu par votre exemple) à proposer plutôt qu'exiger, à offrir plutôt qu'imposer, à accueillir plutôt que prendre, à s'affirmer plutôt que s'opposer.

Mais aussi à demander de façon directe et à recevoir, sans se sentir lié par un sentiment de culpabilité «redevable». Donner/recevoir peut se concevoir à une échelle plus grande que simplement d'une personne à une autre. Si je donne à quelqu'un (en faisant par exemple une «bonne action» pour lui), le retour ne viendra pas forcément de cette personne, mais peut-être d'une autre qui me donnera, aussi, à moi (gratuitement, sans enjeux ou chantages implicites cachés sous le don ou le refus).

Se rendre plus disponible pour sa famille

Comment dégager du temps pour votre vie de famille?

L'éducation bienveillante exige du temps et de la disponibilité. Les contraintes socio-économiques (transports, travail, activités diverses...) pèsent lourdement sur la balance éducative, en séparant, bien plus qu'avant, les membres de la famille, de manière qualitative comme quantitative. Lorsque l'on demande aux enfants ce qu'ils souhaiteraient le plus, on constate que ce n'est pas de passer plus de temps en famille, mais que leurs parents soient moins fatigués et moins stressés. Les enfants ressentent très négativement le chaos généré par le manque de temps, le stress de la vie sociale et professionnelle de leurs parents.

La première étape est d'apprendre à optimiser votre temps

Avant tout, faites un bilan sur la part de votre planning journalier ou hebdomadaire consacré à vos différents secteurs de vie : famille (F), social (S), travail (T) et SOI (toutes les activités d'ordre strictement personnel). Demandez-vous si la répartition est équilibrée, sur la base de la question suivante : Quelle est l'importance subjective que j'accorde à chacun de ces secteurs de vie? Vous pouvez, pour plus de clarté, poser cela sur papier, en affectant à chaque poste une note sur 10. Ce qui peut donner, par exemple : F 10, S 7, T 6, SOI 7. Ensuite, pour visualiser l'importance objective réelle que vous accordez à ces secteurs de vie, notez ce qu'il en est vraiment. Par exemple : F 5, S 2, T 10, Soi 5.

Grâce à cette prise de conscience, vous pourrez tenter de réajuster l'équilibre, en sachant que plus les chiffres objectifs, adaptés aux contraintes, sont harmonieux et équilibrés, mieux c'est. Il ne vaut mieux pas, pour sa santé physique et morale, n'avoir qu'un seul secteur de vie épanoui. Bien sûr, il y a autant d'ordres possibles et de répartitions optimales qu'il y a d'individus. Il est clair, cependant, que la parentalité bienveillante occupe une grande partie de l'espace, surtout quand les enfants sont petits.

Autant les célibataires peuvent favoriser les secteurs de vie du Soi et du travail, autant des parents souhaitant un type d'éducation respectueux devront accepter que le secteur famille soit privilégié et que le secteur social tourne aussi beaucoup autour de la famille...

Mais cet agenda vous permettra peut-être aussi de ne pas vous oublier. Souvent dans les familles, c'est la case Soi (ou couple) qui est amputée en premier : pourquoi ne pas lister des activités «plaisir et soin» (bain, massage, petit-déjeuner...), et les placer concrètement sur le planning, comme des rendez-vous, seul ou à deux ?

Et pourquoi pas un mode d'emploi de la vie familiale tiré du monde de l'entreprise ? Zoom sur la méthode «Agile»

Cette méthode, inspirée par la fameuse méthode de programmation informatique «Agile», a été développée depuis ces dernières années par un père de famille américain, pédagogue et écrivain, Bruce Feiler, qui a appliqué dans sa propre famille une méthode inspirée du coaching moderne en entreprise[17].

Le principe ? Les membres de l'« équipe » familiale s'auto-organisent, à travers une sorte de planning visuel composé d'une liste de tâches à effectuer, chacune étant rayée au fur et à mesure de son accomplissement. Le fait de cocher chaque devoir accompli est non seulement gratifiant, mais aussi très incitateur. Chaque personne est autonome sur des tâches de courte durée (un mois en général). Chaque matin, toute l'équipe se retrouve cinq minutes pour dire ce qu'elle a fait la veille, pour recenser ses tâches du jour et les soucis qu'elle a eus (ou pense qu'elle va avoir). Lors de ces réunions, on se dit aussi ce qui a marché, ce qui a moins ou pas fonctionné, ce que l'on souhaite améliorer… Puis l'on choisit ensemble un ou des points à améliorer, suivi d'un brainstorming où tout le monde réfléchit à une solution pour que ce point s'améliore, avec incitations et sanctions.

Comme dans la méthode Faber et Mazlish, Agile cherche à auto-responsabiliser les enfants : après avoir réfléchi ensemble à plusieurs punitions possibles, on demande à l'enfant de choisir

17. Hélas, ses livres sur une meilleure parentalité ne sont pas encore traduits en français, mais vous pouvez voir le petit film de présentation, sous-titré en français : http://lesvendredisintellos.com/2014/02/14/etre-agile-en-famille

sa punition parmi ce qui vient d'être listé. Pour fonctionner, le système nécessite des parents adaptables, flexibles et ouverts d'esprit, prêts à laisser les meilleures idées gagner (même si ce ne sont pas les leurs) et à responsabiliser leurs enfants en leur laissant gérer leur liste de tâches à leur gré.

Cette méthode met à l'honneur flexibilité, flux d'idées du bas vers le haut, auto-responsabilisation et esprit de collaboration. Les résultats de la mise en œuvre de cette méthode semblent fonctionner aussi bien dans les familles qu'elle le fait en entreprise... Bruce Feiler a déjà visité de nombreuses familles américaines où le principe a été adopté : partout, la même dynamique efficace semble régner... Et les mères de famille semblent pouvoir davantage souffler !

FAQ

Y a-t-il un rôle spécifique du père ?

Même s'il faut parfois les relativiser par rapport au discours purement freudien qui catégorise à l'excès les attributs sexuels, la psychanalyse considère que le père joue deux grands rôles implicites, fondamentaux pour le développement de l'enfant. D'abord, il rompt, peu à peu, la fusion originelle entre la mère et l'enfant, en coupant le cordon ombilical à la naissance, puis en reprenant sa place d'amoureux de sa compagne, participant ainsi au processus de décentration égocentrique (cf. partie 1, p.32). Par ailleurs, là où la mère est plutôt « programmée » pour protéger son petit, lui, l'est plutôt pour le pousser et le stimuler, lui permettant du même coup de repousser ses limites et d'avancer en autonomie. Peu de mères sont capables, par exemple, d'envoyer leur enfant en l'air au-dessus de leur tête, alors que presque tous les pères le font! Cette fonction séparatrice, sur le plan physique comme symbolique, permet à l'enfant de construire sa représentation intérieure de la masculinité.

Il n'y a pas assez de recul pour savoir si les nouvelles familles modernes (monoparentales, homoparentales, recomposées...) verront ce rôle du père évoluer, au prix ou non de préjudices sur la place réelle occupée par chacun au sein de la famille. Toutefois, en termes d'éducation bienveillante, il est évident que si les deux parents s'impliquent (même s'ils sont séparés), le bénéfice sera décuplé...

LA SPIRITUALITÉ (LAÏQUE OU NON), POUR DONNER DU SENS AU VÉCU QUOTIDIEN[B8]

La discipline positive (et plus largement la psychologie positive)

Fondée sur les principes d'Alfred Adler, psychiatre autrichien du début du XXe siècle, la discipline positive est un modèle, ni punitif ni permissif, ancré dans la notion de fermeté et de bienveillance simultanées. L'Américaine Lynn Lott s'est inspirée de ces principes pour fonder, dans les années 1970, un centre d'éducation pour la famille et a publié de nombreux manuels de conseils parentaux. Jane Nelsen, mère de famille à la recherche de méthodes d'éducation efficaces et bienveillantes, l'a rejointe dans les années 1990. Ensemble, elles créent, en 2004, la Positive Discipline Association pour que leur travail soit partagé et poursuivi par de nombreux formateurs.

Ces deux disciplines visent à étudier et à favoriser les conditions et les processus qui contribuent à l'épanouissement ou au fonctionnement optimal des individus, pour eux-mêmes et dans leur relation au monde et aux autres. Cette attitude permet plus d'altruisme et de bien-être.

Elle vise à guider l'enfant vers le meilleur de lui-même (celui qui s'améliore, qui franchit les difficultés et en sort grandi, qui est satisfait de ce qu'il a, qui profite du fait que l'autre aille bien, etc.). Ce renforcement positif des capacités existantes permet ainsi à l'enfant de développer son altruisme et sa décentration égocentrique (cf. p. 32).

C'est dans cet esprit que le neuropsychiatre américain Daniel Siegel a élaboré la symbolique du « cerveau dans la main » qui permet d'expliquer à tous, très simplement, qu'il est normal chez l'enfant (et chez l'adolescent) que le cerveau du raisonnement ait encore très peu de prise sur les cerveaux émotionnels. L'éducation intellectuelle positive créerait, d'après lui, une meilleure contenance sur ces cerveaux émotionnels.

Autant de courants spirituels que d'humains, ou presque !

Un pas au-delà de la psychologie positive et nous nous trouvons à la porte de la démarche méditative et spirituelle (ou philosophique). Une démarche désormais reconnue pour ses grands bénéfices, non seulement sur l'équilibre psychique et sur la façon d'appréhender la vie et ses embûches, mais aussi sur la santé.

Aujourd'hui, la spiritualité laïque est avant tout axée sur des valeurs de cœur et d'humanisme, mais surtout sur le désir de se dépasser et d'aller vers le meilleur de soi-même. Attention, toutefois, au charlatanisme. Fiez-vous plutôt à des grands mouvements expérimentés et reconnus par des médecins, des psychiatres, des biologistes...

➔ **La pleine conscience,** développée par l'Américain John Kabbat-Zinn à partir des théories et principes bouddhistes, mais laïque, en les adaptant à la culture occidentale (cf. aussi partie 3, p. 149). Dans son programme très codifié de huit semaines de « mindfullness » (encore appelé MBSR pour *Mind Based Stress Reduction* ou « réduction du stress basée sur le cerveau »), celui-ci prévoit une pratique si possible quotidienne, afin de ne pas perdre le fil. Au-delà de la pratique formelle, la pratique informelle permet de mettre de la conscience et des valeurs humaines dans chaque action de la vie quotidienne, même si l'on n'a pas le temps de vraiment méditer[18].

➔ **Les théories quantiques,** qui laissent véritablement entendre, désormais, que nous possédons chacun des ressources et des champs énergétiques incroyables, guérisseurs. Lesquels nous relient les uns aux autres dans un grand « tout » de vibrations et résonances nouvelles.

18. De nombreux thérapeutes dirigeant ce programme en France proposent d'ailleurs des suivis hebdomadaires ou mensuels, des stages, etc.

De nombreux scientifiques, de par le monde et en France[19], œuvrent pour éclairer les théories quantiques et leurs implications dans la vie au quotidien.

↳ **Les nouvelles découvertes en biologie moléculaire** qui tendent toutes, elles aussi, à démontrer des capacités à peine croyables du corps humain, s'il est guidé dans le sens du cœur et de l'amour bienveillant. Découvertes qui nous autorisent à croire (sur la base d'analyses et de preuves scientifiques) aux capacités d'auto-guérison du corps et au poids du psychisme et des croyances sur le biologique.

↳ **D'autres pratiques issues de cultures lointaines,** étudiées par des médecins ou des chercheurs occidentaux, tel le Ho'Oponnopono qui découle des principes ancestraux des guérisseurs hawaïens au cours de leurs protocoles de guérison, à travers une prière universelle rassemblant des mots et des concepts forts du cœur. Cette prière repose sur la croyance que les problèmes extérieurs à l'origine des troubles psychiques proviennent de processus erronés présents à l'intérieur de nous. Réappropriée récemment par l'Occident à la suite des travaux du Dr Hew Len, un psychiatre américain travaillant en milieu carcéral, cette pratique trouve toute sa place dans un processus de psychiatrie et de gestion nouvelle du stress.

---

19. Citons notamment la bio-nutritionniste Marion Kaplan ou le psychiatre Olivier Chambon.

↳ Ou encore : le chamanisme. Parmi d'autres exemples, un médecin urgentiste français, Bernard Fontanille[20], est allé de par le monde visiter des pratiques médicales ancestrales, souvent chamaniques. Il en revient avec un témoignage émouvant et un bouleversement de ses croyances, devant ces soignants d'autres mondes où le magique flirte avec les limites de notre savoir occidental.

Pourquoi mon enfant a-t-il besoin de spiritualité ?

Que vous soyez croyant, au sens religieux du terme, ou non, la spiritualité vous permettra d'adopter un langage très symbolique et positif, rassurant et sécurisant, pour décrire le monde à vos enfants. Véhiculant des valeurs profondément humanistes et bienveillantes, la pratique de la spiritualité peut aider votre enfant à devenir un adulte équilibré, rayonnant de valeurs positives : énergie, amour de la vie, harmonie des relations, liberté de création, stabilité émotionnelle et psychologique, bien-être et paix del'esprit.

Cette réflexion aura, de plus, l'avantage de vous aider à adopter des comportements très positifs pour le développement de votre enfant et de lui

20. http://future.arte.tv/fr/medecine-dailleurs

en donner l'exemple. Elle vous sera un précieux support pour aborder avec lui des concepts et des sujets délicats, comme la mort et l'impermanence des choses, dans un symbolisme adapté à son niveau de développement (les anges, les guides, les fées, etc.).

Toutefois, le respect total de l'intégrité intellectuelle de votre enfant passe par le fait de ne pas l'enfermer dans vos idées, mais de lui laisser le plus de latitude possible. Prenez garde de lui préciser clairement que « Chez nous, dans cette famille, on croit cela, on fait ceci... ». Tout en lui disant qu'il existe d'autres conceptions, d'autres façons de penser, que vous pourrez lui exposer, en vous efforçant de ne pas être dans le jugement, mais dans la description... Expliquez-lui que, plus tard, il pourra lui-même se faire son idée pour trouver sa propre voie.

ASTUCE

Apprenez-leur la gratitude envers la nature et la vie...

Vous pouvez profiter de moments privilégiés en famille, comme les repas par exemple, pour apprendre aux enfants à remercier : les animaux que vous allez consommer, d'avoir donné leur vie pour vous ; la terre, d'avoir permis que vous puissiez manger des légumes ou des céréales ;

la vache, qui a donné son lait pour faire le beurre, etc. Et aussi pour la chance d'avoir à manger, d'être ensemble (équivalent moderne et flexible des prières d'avant repas d'antan). Il est toujours important de souligner auprès des enfants les privilèges dont ils bénéficient, évitant ainsi le schéma du « tout m'est dû », qui n'est jamais bien loin...

De même, lorsqu'il y a un moment de fête, particulier et exceptionnel, soulignez-le et invitez les enfants à profiter de ce moment qui vient agrémenter le quotidien. Par exemple, dans une famille où l'on fait très attention à son alimentation, manger une pizza ou boire un soda peut être un moment à part et joyeux, qui permet à l'enfant de comprendre qu'une bonne hygiène de vie quotidienne peut et doit être accompagnée de moments privilégiés, où on peut ponctuellement lâcher les rênes...

Il est plus intéressant d'inscrire ainsi des habitudes saines, souples et d'inculquer à l'enfant le principe de la reconnaissance, plutôt que de constamment souligner qu'ailleurs des enfants ne mangent pas à leur faim (même si, occasionnellement, on peut aussi le rappeler).

La méditation, source de bienfaits psychiques comme physiques, pour votre enfant et pour vous

Des études ont montré que, chez les méditants expérimentés, la zone du cerveau associée à des émotions comme la compassion ou l'altruisme présente une activité considérablement plus importante que chez ceux qui ne pratiquent pas la méditation. Ce qui prouve que les qualités humanistes peuvent être délibérément cultivées par un entraînement mental.

La méditation chez les enfants, très développée en Asie et en plein essor aux États-Unis et au Canada, est en train d'arriver en France, notamment par le biais des protocoles de méditation de la pleine conscience, que des thérapeutes adaptent aux plus jeunes. Le programme de réduction du stress par la pleine conscience adapté aux enfants/adolescents prévoit ainsi une séance de méditation par semaine.

Les enfants présentent en général très vite un grand intérêt pour cette méthode de méditation, d'autant plus qu'ils en perçoivent rapidement les bénéfices… Chez les plus jeunes comme chez les adultes, cette pratique donne en effet, la plupart du temps, des résultats rapides et efficaces. D'abord sur la sphère psychique. On observe une capacité plus rapide à s'apaiser, même après un intermède mouvementé; une meilleure qualité de présence et une plus grande concentration; une augmentation de la résistance au stress; une nette baisse de l'impulsivité et de l'agressivité; un comportement plus altruiste. En plus de favoriser la concentration, la méditation semble aussi avoir un réel impact sur le développement des capacités cognitives. Ses bienfaits sont également perceptibles sur le plan physique. L'état de santé général des pratiquants, grands comme petits, s'améliore, avec une diminution des douleurs chroniques et un renforcement notable du système immunitaire. Après quelques séances, on constate chez l'adolescent une amélioration du raisonnement, un meilleur contrôle cognitif et une moindre impulsivité.

Aidez-le à renforcer sa capacité intuitive[B10]...

La psychologie intuitive est une discipline déclinée notamment par la neurologue Régine Zékri-Hurstel qui part du principe que notre cerveau sait exactement ce qui est bon pour nous. L'intuition étant le moyen de connaissance le plus naturel dont nous disposions, c'est elle qu'il convient d'éduquer chez l'enfant, en amont et en parallèle à l'enseignement, surtout primaire. L'enjeu, c'est en quelque sorte d'amener celui-ci à bien «sentir» avec les organes des sens. Ainsi, en plus de voir ou d'entendre, on lui apprend à regarder, à écouter, à être attentif à ce qui l'entoure (la pratique de la pleine conscience renforce aussi cette capacité intuitive). Il acquiert ainsi peu à peu la capacité inconsciente d'élargir son champ d'interprétation de son environnement, qui devient plus spontané. Au lieu de le contraindre à penser à notre façon et à celle de l'école, cette méthode laisse penser et marcher l'enfant à son propre rythme.

L'apport d'une telle méthode au sein de la famille permet aux uns et aux autres de renforcer leurs liens et leur cohésion, notamment à travers les épreuves. Chacun étant habitué à percevoir l'autre et soi-même plus largement, avec une interprétation plus fine, pour mieux se comprendre et mieux se respecter.

CHOISIR UNE ÉCOLE EN ACCORD AVEC LES PRINCIPES D'ÉDUCATION BIENVEILLANTE

La méthode Montessori, ou l'apprentissage par les sens[B11]

De quoi s'agit-il ?

On doit cette pédagogie innovante à Maria Montessori, une médecin italienne. Convaincue que les enfants sont naturellement attirés vers les apprentissages, elle a l'idée, au début du XXe siècle, de leur proposer un environnement propice à stimuler leur désir d'apprendre de façon autonome. Elle détermine huit formes d'intelligence : linguistique, logico-mathématique, kinesthésique (du corps), visio-spatiale, naturaliste, musicale, intra-personnelle (gestion des émotions), interpersonnelle (faculté de coopération). Comme seules les deux premières formes d'intelligence sont prises en compte dans les écoles conventionnelles, Maria Montessori a décidé de créer ses propres écoles, qui encouragent chaque enfant à explorer aussi loin et aussi longtemps qu'il le souhaite les domaines qui l'attirent.

Le principe des écoles Montessori : « Apprends-moi à faire seul. »

Dans une classe remplie de matériels nombreux et adaptés, tous tendus vers la stimulation de la créativité des enfants et laissés à leur libre manipulation, le professeur a pour seul rôle de les accompagner vers leur vérité propre. Chez Montessori, le concept d'apprentissage passe massivement par le sens du toucher, l'un des sens les plus développés et les plus naturels chez les enfants. Le grand pédagogue français Philippe Meirieu[B12] a montré que le grand défi au début de la lecture, pour les petits, est de faire le lien entre la forme visuelle d'une lettre – traitée dans les zones visuelles du cerveau – avec les sons correspondants, traités, eux, dans les zones auditives. Il est désormais reconnu par la neuropédagogie qu'associer mouvement ou toucher à l'apprentissage (comme le font systématiquement les pédagogies Montessori ou Steiner) facilite cette association entre la forme visuelle de la lettre et le son correspondant. Par ailleurs, pour porter tous ses fruits, l'apprentissage doit être fait sur un mode ludique et plaisant. Quand le cerveau éprouve une émotion positive, il sécrète en effet une hormone du plaisir, l'endorphine*, qui accroît l'envie d'apprendre. À l'inverse du stress qui, lui, libère du cortisol*.

En outre, la pédagogie Montessori s'attache à prendre en considération le point de vue de l'enfant (sans pour autant qu'il lui soit toujours donné raison !). Dans les classes, les effectifs sont réduits, ce qui permet à l'enseignant de se déplacer et d'intervenir à tour de rôle, auprès de petits groupes ou tête à tête avec les enfants. En créant de la solidarité, la mixité des âges (classe 3-6 ans, 6-9 ans, 9-12 ans) permet aussi aux plus grands de jouer le rôle de tuteurs auprès des plus petits. Chacun y trouvant son compte : les plus âgés sont valorisés par la confiance qui leur est accordée, tandis que les plus jeunes se sentent soutenus par leurs aînés.

Après Montessori…

Cette pédagogie maintient intacts la flamme intérieure de chaque enfant et son désir inné d'apprendre, tout en l'encourageant à travailler en autonomie. Les élèves Montessori savent travailler par et pour eux-mêmes. Leurs seuls guides ? Leurs intérêts et motivations personnels. Cela donne des jeunes adultes sachant clairement ce qu'ils veulent dans la vie et difficilement manipulables, car ils ont appris à se respecter, tout en respectant l'autre et la vie (nature, animaux…).

La pédagogie visionnaire de Rudolf Steiner[B13]

Rudolph Steiner, penseur et pédagogue d'origine allemande de la première partie du XXe siècle, a été un véritable précurseur dans des domaines aussi variés que la médecine anthroposophique*, l'agriculture biodynamique, la mise au point d'un modèle de prise en charge des personnes handicapées, l'architecture, la science et la poésie du mouvement par l'eurythmie*… Steiner avait aussi pressenti toutes les découvertes et recommandations actuelles en termes d'éducation : psychologie intuitive, neuropédagogie (notamment le concept selon lequel l'apprentissage cognitif est bien meilleur s'il est secondé par le mouvement) ; ou encore psychologie positive, axée sur les ressources et le bien-être de l'enfant. Tout cela dans un principe général de bienveillance et de communication respectueuse et non violente.

Surtout, Rudolph Steiner a développé une pédagogie éducative et scolaire innovante, adaptée à sa vision très spirituelle et holistique* de la vie et du monde. La première « Libre école Waldorf » est inaugurée le 7 septembre 1919, à Stuttgart, en Allemagne (où il y a désormais près de deux cents écoles Steiner) grâce à l'usine de cigarettes Waldorf-Astoria, qui a donné à Steiner les moyens d'élaborer une école selon sa pensée, pour les enfants des ouvriers (d'où le nom Steiner-Waldorf). Son objectif? Épanouir le potentiel humain de l'enfant dans toutes ses dimensions, afin que celui-ci atteigne la liberté et l'autonomie à travers une conscience éclairée, un corps épanoui et un esprit libre.

Pour Steiner, l'être humain est doté de douze sens, répartis en quatre grands groupes et qu'il s'agit tous d'éduquer. Parmi les sens de base, il compte le toucher et le sens du mouvement (ce qu'il appelle le « rythme guérisseur » des activités, des jours de la semaine, des fêtes, des saisons...), qu'il incite les enfants à travailler via l'eurythmie. Steiner compte aussi quatre sens qui relient la personne à autrui et au monde extérieur, sens dépositaires des valeurs spirituelles. Les facultés cognitives se développent sur des périodicités rythmées de trois à quatre semaines, avec alternance de périodes de dessin de forme (qui amène la représentation : on place d'abord les images, puis on les transforme en concepts, comme les droites penchées qui deviennent des horizontales...), de calcul et de lettres. Entre deux, on «oublie», ce qui correspond pour Steiner à une mise en germe différente, à l'insu de la conscience de l'enfant. Ce qui permet de ramener à la surface des éléments grandis et enrichis lorsqu'on les retravaille. Le rythme et le mouvement, ainsi que les contes et histoires, sont partout dans l'enseignement, à tous les niveaux d'études. À côté des matières fondamentales classiques (français, mathématiques histoire-géographie, langues...), une grande place est donnée au travail manuel (tel le crochet, en première et seconde classe, qui amène une dextérité des doigts, puis ensuite le travail du bois...) et aux activités artistiques (danse, théâtre, chant...). Ce n'est que très progressivement, au fil des années et des classes, que la position statique devant une table de travail prend le pas sur le mouvement... Les devoirs s'insèrent pour soutenir le travail en cours, mais sans épuiser le temps libre de l'enfant. Tout au long de cette période, pas de notes, mais de simples commentaires des professeurs visant à aider l'enfant à mieux structurer son travail.

Trois septaines, ou phases d'évolution de l'enfant

Rudolph Steiner avait élaboré son analyse du développement de l'humain en septaines*, ayant chacune sa spécificité et son objectif. La première septaine (de 0 à 7 ans) vise à la pleine habitation, par l'esprit, du corps de l'enfant. À ce stade, selon l'approche Steiner, l'enfant n'est quasi qu'un «organe des sens», occupé à absorber et à imiter son environnement et son entourage : il n'est donc pas question pour lui d'avoir à raisonner, à décider ou à interpréter quoi que ce soit. Steiner préconisait d'attendre que tout le métabolisme et le schéma corporel soient acquis avant de partir à la conquête des fonctions cognitives – phase déterminée par l'apparition des triangles dans les dessins, ainsi que par celle de la dentition définitive.

Vers 4 ans, le bambin entre au jardin d'enfants[21]. Il va y débuter son expérience du rythme, découvrir la socialisation et les règles à travers des rituels quotidiens. Les jours ont chacun leur programme, qui se répète. Par exemple, le lundi peut être le jour de la forêt, le mardi, celui du pain, le mercredi, celui de l'eurythmie, sorte de danse théâtrale qui permet aussi de développer

21. Certaines écoles Steiner proposent même des classes pour des enfants d'âge pré-scolaire.

l'équilibre... Les matinées aussi se déroulent selon une périodicité établie : la ronde de début pour se retrouver, avec des comptines mimées, on allume une bougie, puis il y a l'activité du jour et les jeux libres*, le goûter, etc. Le tout constamment agrémenté de mouvements, de contes, de rondes, de chansons, d'historiettes ou saynètes, sous le regard de « jardinières » (sortes de maîtresses) bienveillantes, valorisantes et à l'écoute. Cette méthode rythmée, axée sur des rituels (qui posent des limites très implicites) et en contact proche avec la nature, va permettre à l'enfant d'approfondir progressivement la découverte de sa motricité et de son corps.

La deuxième septaine se déroule entre 7 et 14 ans. Elle est marquée par le début de l'école, en première classe. Cette première rentrée est très ritualisée, sur le mode d'une initiation : confection d'un objet à cet effet, rencontres avec le maître ou la maîtresse et affectation d'un parrain ou d'une marraine d'une grande classe. Dans la scolarité Steiner-Waldorf, un même maître accompagne une même classe pendant six années. Les maîtres sont avant tout des « déblayeurs d'obstacles » : ils libèrent et déploient les compétences des enfants, tout en les soulageant d'éventuels fardeaux.

La troisième septaine (de 14 à 21 ans), les « grandes classes », inculque les connaissances nécessaires à l'acquisition du baccalauréat et à la poursuite d'éventuelles études supérieures. La notation classique apparaît. Au-delà d'un large axe commun de disciplines académiques demeurent des thèmes forts fondés sur l'expérimentation, à travers des séjours à l'étranger et d'un travail manuel et artistique toujours présent (notamment dans la réalisation d'un «chef-d'œuvre» qui marquera la fin du cycle d'études).

Un ensemble, donc, de zones d'instruction extrêmement diversifiées et complémentaires, qui va permettre aux élèves de devenir de jeunes adultes plus respectueux de ce qui les entoure, autonomes et libres penseurs. En France, sur vingt-deux écoles, certaines préparent au bac, en structure classique ou en tant que candidat libre, d'autres s'arrêtent au collège, avec des contrats de retour dans le cursus scolaire auprès d'autres établissements (souvent privés). Hélas! même si près de la moitié des écoles sont sous contrat avec l'État, les frais de scolarité restent très élevés...

Le modèle d'instruction souple et participatif scientifiquement prouvé comme étant le meilleur

On doit à John Hattie, chercheur en éducation néo-zélandais, une méga analyse passionnante sur les bienfaits effectifs des différents modes d'enseignement. Menée sur plus de 80 millions d'élèves scolarisés dans le primaire et le secondaire, cette énorme étude, publiée en 2009[22], apporte de précieuses informations sur ce qu'il reste à l'âge adulte de ce que l'on a appris à l'école. Ses résultats bouleversent les croyances et l'ordre établi ! John Hattie a notamment mis en lumière que le système français mobilisait des budgets considérables pour des points pas forcément judicieux…

➔ **Entre autres, ce qui nuit particulièrement durant la vie scolaire et parascolaire :** le redoublement, des stages trop intensifs devant les écrans et de longues vacances d'été.

➔ **Ce qui n'aide que peu :** de petites classes, un équipement très cher, l'apprentissage par la découverte, les devoirs… ;

➔ **Ce qui aide un peu :** des contrôles réguliers des résultats ; un enseignant impliqué, actif ; des matières supplémentaires pour les enfants doués.

➔ **Enfin, ce qui aide vraiment :** un feed-back régulier des remarques des élèves (*via* de petits questionnaires très rapides), doublé d'une faculté de l'enseignant de se remettre en question ; l'apprentissage par des problèmes concrets, ainsi que des projets encourageant la lecture ; une formation continue de l'enseignant, dans son domaine, mais aussi dans ses connaissances culturelles ; l'établissement d'une relation de confiance entre

22. Visible-learning.org

l'enseignant et les élèves (qui favorise grandement la motivation et le bien-être de ces derniers)...

En Suède, par exemple, le système scolaire est axé de façon bien plus compatible avec les résultats de l'étude Hattie, notamment en ce qui concerne le bien-être des élèves. On y relève une pression moins forte due à un système de notation plus tardif, à la prévalence d'une relation de confiance élève-professeur et une efficacité renforcée des professeurs (grâce au duo formation continue et autocritique). Parcours à l'issue duquel on trouve une population de jeunes adultes motivés, autonomes et créatifs. Ce type de scolarité semble donc effectivement très en avance sur ses voisins occidentaux...

De même, les pédagogies qui respectent les points que l'étude juge positifs (comme Steiner ou Montessori) semblent effectivement « produire » des individus plus confiants en eux et autonomes, mais aussi plus épanouis et moins manipulables que les autres...

Une étude comme celle-là est une excellente nouvelle pour l'avenir de l'école traditionnelle : bientôt, on admettra peut-être enfin qu'il est contre-productif de vouloir immobiliser les jeunes enfants sur des chaises devant des bureaux. Tout comme il est nuisible de les amener trop tôt à utiliser leurs facultés intellectuelles, alors même que leur corps et leurs émotions ne sont pas suffisamment matures.

L'école à la maison[B14] : un choix séduisant, mais non dénué de contraintes

Également appelée Instruction en famille (IEF), cette formule de la non-scolarisation (ou de déscolarisation, pour les enfants déjà passés au préalable par la case « école ») est la plus à la marge sur l'échiquier de l'instruction alternative. Elle a pour avantage de fournir un enseignement 100 % à la carte, notamment dans le cas où la famille se livre à du « unschooling », ou enseignement au strict choix de découverte de l'enfant, sans respect d'un programme déterminé.

Le plus souvent toutefois, pour des raisons de respect de la légalité (les contrôles de l'Éducation nationale en matière d'acquisition des compétences scolaires sont drastiques) et d'une réintégration plus aisée au collège, au lycée ou dans le supérieur, le choix est fait de suivre, dans ses grandes lignes du moins, le programme scolaire, année par année (notamment *via* le CNED*).

Cette option de l'école à la maison, pour être totalement efficace, nécessite plusieurs conditions. La première est que l'un des parents (la mère, le plus souvent) fasse une croix sur sa carrière professionnelle, pour se consacrer à l'instruction de son ou ses enfants. Ce qui induit, également, un réel travail de remise à nouveau, de veille, et une bonne dose de patience et de pédagogie... laquelle ne se décrète pas, même si on connaît ses enfants mieux que quiconque ! L'IEF nécessite aussi de se construire un réseau et de l'entretenir, via les différentes associations qui proposent rencontres et sorties culturelles et sportives, afin que les enfants ne demeurent pas coupés de toute réalité sociale[23].

Du côté des enfants, l'option induit une réelle envie d'apprendre et un certain sens de la discipline : en effet, même si, au final, deux ou trois heures de travail sont généralement suffisantes pour couvrir les acquis d'une journée dans le cadre scolaire, il n'est pas question pour autant de se lever tous les jours à midi et de passer les journées à jouer...

Ce choix, définitif ou (le plus souvent) temporaire, convient tout spécialement à des enfants en décalage avec le monde scolaire, comme les enfants précoces ou ceux atteints de phobie scolaire. Ce peut être l'occasion pour eux de passer un cap difficile pour mieux refaire face ensuite, dans le cadre scolaire classique ou dans un établissement à pédagogie différente.

23. Voir notamment lesenfantsdabord.org et laia.asso.free.fr

3

Des thérapies pour accompagner les petits et les grands tracas psychiques de mon enfant

Dans la société actuelle, nos enfants subissent nombre de tensions liées au stress, à la pression, au mode de vie urbain et à la pollution (sonore, électromagnétique, dans l'alimentation ou dans l'air). Ces tensions sont susceptibles de nuire à leur épanouissement social, cognitif et émotionnel.

Nous allons vous présenter ici une palette d'outils thérapeutiques simples et concrets, pour vous aider à remédier aux comportements inadaptés de votre enfant qui se manifestent plus ou moins ponctuellement : angoisses, fuites urinaires, troubles du sommeil, de l'alimentation, de l'attention ou problèmes d'agitation, fortes colères... et même les problèmes physiques très liés au psychisme, comme l'eczéma ou la constipation.

Toutes ces méthodes seront aussi particulièrement utiles si votre enfant présente des signes de précocité : elles vous donneront des clés pour faire face à son extrême sensibilité et aux difficultés quotidiennes que cette particularité implique.

Enfin, s'il nécessite un suivi par un spécialiste, ou s'il est déjà suivi, vous trouverez ici des ressources pour l'accompagner au mieux et lui apprendre à contenir sa sphère affective et émotionnelle au quotidien, en complément des thérapies déjà mises en place (et avec l'accord, bien sûr, des spécialistes qui suivent votre enfant).

LUI APPRENDRE À RESPIRER ET À SE DETENDRE POUR S'APAISER

Très recommandé chez les enfants hypersensibles ou agités («précoces» et enfants atteints de trouble du déficit de l'attention avec ou sans hyperactivité [TDAH] compris), l'apprentissage de la respiration abdominale et de la détente musculaire et «neuro-végétative» est également très bénéfique chez tous les autres.

Le principe de base est le même, quelle que soit la technique : inspirer par le nez en gonflant le ventre, souffler par la bouche ou le nez en le vidant... tout en se concentrant à la fois sur ce mouvement et sur l'air qui entre et sort.

Au début, vous pourrez aider votre enfant en respirant profondément avec lui, votre main sur son ventre (comme pour un petit ballon qui se gonfle et se dégonfle) pour qu'il sente bien le mouvement. Une fois qu'il a appris cette respiration abdominale de base, de nombreuses variantes existent, ayant toutes en commun de restaurer une «cohérence cardiaque» qui apaise l'ensemble de l'organisme (cf. p. 149).

Par un protocole d'activation des ondes alpha du cerveau

Ce protocole a été mis au point par le docteur Christine Davidson, psychiatre, Philippe Maso, infirmier, et Thérèse Coll, sophrologue, pour les enfants haïtiens traumatisés par le tremblement de terre de janvier 2010 sur l'île. L'objectif est de les aider à gérer leur anxiété au quotidien. Le principe : amener l'enfant à un état de détente profond, durant lequel le cerveau produit des ondes alpha permettant de l'apaiser, de recentrer son attention et de capter sa coopération en le ramenant dans la réalité « ici et maintenant », hors de l'angoisse.

Comme nous l'avons vu dans la première partie de ce livre, chaque information non traitée ou mal interprétée par une sphère émotionnelle plus ou moins débordée est susceptible d'entraîner des comportements inadaptés plus ou moins anxieux. Plus l'enfant apprendra à s'apaiser avec votre aide, mieux vous gérerez, ensemble, ses débordements.

Il est donc important que l'enfant s'exerce régulièrement – chaque jour ou au moins quelques fois par semaine – même sur de très courts moments, pour déterminer les exercices qui fonctionnent le mieux sur lui. En effet, tous les petits ne répondent pas au stress de la même manière. Certains atteindront leurs limites mais arriveront à se reprendre plus ou moins rapidement, notamment si l'exposition au stress diminue ou s'arrête. D'autres subiront des effets moins visibles et plutôt au long cours pouvant aboutir parfois à des symptômes visibles, comme le trouble de l'attention ou du sommeil. Ils n'auront pas non plus le même type de réactions ou le même type de crises émotionnelles face à différents stimuli négatifs (la faim, l'anxiété, la fatigue, l'envie de faire plaisir au détriment de ses forces...). Certains se renferment totalement en eux-mêmes, refusant toute collaboration. D'autres sont agités ou agressifs, et il faut surtout les calmer. Certains, enfin, sont dans un état second, proche de celui des terreurs nocturnes : ils souhaiteraient collaborer mais ne peuvent pas. Il faut les calmer et ensuite capter leur attention.

Il est recommandé, pour s'exercer, de faire à chaque entraînement au moins un exercice de chaque séquence (dans l'ordre : préparation / respiration / relaxation).

Lorsque vous les utilisez en urgence, allez directement à l'exercice le plus efficace, afin que, dans un second temps, votre enfant, un peu apaisé, puisse «appeler» son lieu sécurisé (que vous aurez créé avec lui, cf. p. 193).

ASTUCE

N'hésitez pas à recourir aux nouvelles technologies : le simple fait de confier à votre enfant un appareil qui le fascine vous rendra d'emblée la tâche bien plus aisée ! Programmez, par exemple, sur votre smartphone, des applications gratuites ou très peu chères telles que « RespiRelax », « PlongeZen » ou « Respizen » et des musiques douces. Lancez les deux lorsque votre enfant débute une crise, en lui donnant le téléphone à tenir. C'est remarquablement efficace !

Les exercices de préparation

Ils conviennent parfaitement aux enfants très agités, qui peuvent ainsi en profiter pour vider leur trop-plein d'énergie de façon ludique et contrôlée.

Prenez bien le temps, les premières fois, de leur montrer comment faire. Ensuite, selon leur âge et leurs besoins, accompagnez-les ou veillez à ce qu'ils s'exercent.

Une variante de « Un, deux, trois, soleil »

Consigne

Choisissez une musique rapide et rythmée et incitez votre enfant à danser en se déchaînant pendant deux ou trois minutes. Puis arrêtez soudainement la musique sans le prévenir : il doit se figer sur place, dans la position où il se trouve, durant une dizaine de secondes. Puis relancez la musique et recommencez plusieurs fois.

Bénéfice

Il s'agit d'un excellent apprentissage d'évacuation du trop-plein émotionnel généré par les stress répétés quotidiens (un peu comme hurler dans une forêt).

Le ballon de baudruche

Consigne

Jouez avec lui pendant une, cinq ou dix minutes, la consigne étant que le ballon ne doit surtout pas toucher le sol.

Bénéfice

En plus d'être un moment ludique de partage, cet exercice nécessite non seulement des gestes rapides, précis et assez vigoureux (apprentissage du mouvement adapté à la consigne) mais aussi de se focaliser sur une tâche précise. Il permet à l'enfant de centrer son attention, tout en évacuant son trop-plein d'énergie par le biais des mouvements (les enfants hypersensibles aux émotions sont souvent hyperactifs cérébraux et dégagent une incroyable énergie non dépensée, qui les pousse à ne pas tenir en place).

L'éventail ou la marche accélérée

Consigne

Demandez-lui de faire l'éventail avec les mains, doigts et bras tendus, légèrement écartés du corps. Et ce, de plus en plus vite, avec des pauses immobiles de quelques secondes avant de recommencer plusieurs fois.

Variante : Proposez-lui de marcher sur place, d'abord lentement, puis de plus en plus rapidement, puis de ralentir de nouveau, de ré-accélérer, etc. Le tout durant quelques minutes.

Bénéfice

Il s'agit ici simplement de vider, grâce aux mouvements, le trop-plein d'énergie non canalisée.

Les exercices de respiration

↳ Ceux qui ralentissent le rythme cardiaque

Le « coup de calme »

Consigne

Demandez à l'enfant d'inspirer normalement, puis de souffler tout l'air qu'il peut, aussi longtemps qu'il le peut. Il ne doit inspirer de nouveau que lorsque c'est vraiment indispensable.

L'inspiration « bloquée »

Consigne

Demandez à votre enfant (toujours selon la respiration abdominale) d'inspirer en comptant jusqu'à six, puis de bloquer sa respiration pendant quatre temps, puis de souffler pendant six temps. Mouvement à répéter trois fois de suite.

Bénéfice

Ces exercices permettent de stimuler physiquement le nerf vague*, responsable de la détente du système neurovégétatif et qui ralentit le rythme cardiaque. Ils apaisent l'enfant immédiatement, à condition de les réaliser en tout début de phase d'agitation ou de crise, avant qu'il ne soit trop débordé par ses émotions.

➘ Les exercices proches de la méditation : la cohérence cardiaque et la « pleine conscience »

Les techniques de respiration ci-dessous ont le grand avantage d'amener rapidement, si elles sont bien pratiquées, à l'état d'ondes alpha.

La cohérence cardiaque[B1]

Cette approche, prônée par le docteur David Servan-Schreiber comme un moyen très efficace de lutter contre le stress, fait du cœur un second cerveau, qui, s'il est sollicité au travers de ses valeurs (l'amour, l'humanité, la bienveillance, l'empathie, la paix, l'humilité…), « reprend la main» et calme les émotions perturbantes, faisant revenir celui qui la pratique à une paix intérieure.

Consigne

Demandez d'abord à l'enfant de porter son attention (sa conscience) sur sa respiration ventrale, puis de déplacer peu à peu celle-ci vers son cœur en pensant aux valeurs de ce dernier (vous pouvez les lui citer, et/ou vous référer à des événements qu'il connaît et qui les lui rappellent). Pratiquez six à dix respirations ensemble, en évoquant l'une de ces valeurs pour chacune d'entre elles.

Variante : la méditation de pleine conscience* propose, en sus, à l'enfant, de centrer son attention non seulement sur sa respiration, mais aussi sur des gens ou des choses qu'il aime, activant ainsi des émotions dites du cœur (paix, amour, joie, plénitude...) très apaisantes. Cela permet de diffuser du calme pour votre enfant lui-même, mais aussi de lui enseigner la bienveillance (cf. spiritualité, p. 115 à 122).

➔ Les exercices en synchronisation spontanée avec la respiration

La plume

Consigne

Utilisez une plume (de décoration par exemple) que vous posez sur votre main et l'enfant souffle (ou bien vous soufflez à tour de rôle). Enjeu : la plume ne doit pas retomber.

Bénéfice

Cet exercice demande à l'enfant d'appuyer suffisamment son souffle pour maintenir la plume en l'air. De ce fait, il passe, sans y penser, en phase de « respiration cohérente » (le plus souvent abdominale d'instinct). Ce qui le calme et le recentre.

Le bûcheron

Consigne

En levant une hache imaginaire à deux mains, inspirez, en partant du bas – entre les jambes – vers le haut. Puis expirez en fendant une bûche invisible devant soi. Recommencez plusieurs fois.

Bénéfice

Comme pour l'exercice précédent, la physiologie du mouvement proposé s'harmonise inconsciemment avec la respiration, ce qui détend l'enfant presque à son insu.

ASTUCE

Nombre d'arts martiaux (karaté, aïkido, yoseikan budo...) ont pour caractéristique de proposer des mouvements calés sur l'inspiration et l'expiration et sont donc très bénéfiques. S'il ne s'appuie pas forcément sur cette synchronisation typique, le judo est basé sur la respiration et reste, par ailleurs, très utile pour l'apprentissage des règles et des valeurs de respect de l'autre.

Les exercices de relaxation et de mise en confiance

Le palmier

Consigne

Demandez à l'enfant de faire des rotations axiales «toutes molles» d'un côté à l'autre. Variante : les bras sont levés de chaque côté de la tête et «balancés» mollement par un vent imaginaire.

Bénéfice

Le fait de détendre les muscles pour répondre à la consigne de se balancer mollement fait descendre les éventuelles tensions motrices de l'enfant, ce qui le calme.

La voiture ou l'algue et les courants dans la mer

Consigne

L'enfant ferme les yeux et se laisse conduire par vous (vous êtes derrière lui, le tenant par les épaules, et le faites aller avec douceur d'avant en arrière, d'un côté puis de l'autre, etc.).

Variante : Demandez à l'enfant de fermer les yeux et d'imaginer qu'il est une algue mollement ballottée par les courants (ce sont vos mains qui le poussent doucement pour faire le courant). Il doit donc se laisser aller dans tous les sens, en restant stable et les pieds fermement ancrés au sol, sous la pression douce de vos paumes.

Bénéfice

En plus de lui apprendre à se fier à « l'autre » qui le guide, cet exercice produit chez l'enfant la même détente musculaire que l'exercice précédent.

Par une séquence de yoga simplifiée, tirée du « Tao Yin[B2] »

Consigne

- **Phase 1 :** l'enfant s'allonge sur le dos, bras le long du corps, jambes pliées avec les pieds près des fesses.
- **Phase 2 :** demandez-lui de serrer fort, étape par étape : ses orteils, ses pieds entiers jusqu'aux

talons, ses fesses, son ventre, ses mains jusqu'au bout des doigts, tout son visage la bouche fermée (les dents, les joues, les yeux, les sourcils)... puis de rester ainsi tout contracté, durant environ dix secondes.

↳ **Phase 3 :** Au terme d'un décompte de dix, faites-le tout relâcher d'un coup, en exagérant l'ouverture : la langue sort de la bouche grande ouverte, les doigts des mains et des pieds s'écartent...

L'enfant est invité à faire cette séquence trois fois de suite, plutôt dans son lit au moment de s'endormir (après s'être exercé quelque temps avec vous, il devrait rapidement y penser tous les soirs).

Bénéfice

Cet exercice favorise la circulation de la force vitale interne et renforce l'énergie de l'enfant en l'harmonisant, en l'adaptant et en la régénérant.

Par un exercice de « rêve éveillé »[B3]

Consigne

Après avoir mis une musique relaxante en fond sonore, demandez à votre enfant de s'allonger confortablement[24] et de se détendre en respirant

24. Les plus petits ou les plus agités peuvent tout à fait être placés sur vous : il est alors inutile qu'ils appliquent bien toutes les consignes, si vous, vous les appliquez. (Dans la mesure du possible, demandez alors à une autre personne de lire les instructions.)

profondément. Puis, d'une voix très douce, commencez à le guider :

« Tu es de plus en plus détendu, ton corps est lourd, très lourd, très, très lourd... Tu imagines que tu es dans un beau paysage avec des jardins d'herbe verte et que tu marches tranquillement sur un sentier. Tu sens l'air chatouiller ta peau, le soleil brille et te réchauffe, il y a plein de chants d'oiseaux... Tout à coup, tu vois un gros rocher blanc sur le bord du sentier. Tu imagines que tu laisses à cet endroit ton nom, ainsi que tous les problèmes qui t'embêtent actuellement. Tu peux aussi enlever tes chaussures, si elles te gênent, tu laisses tout ce que tu veux... Tu continues le sentier et tu arrives sur un pont, que tu traverses, au milieu. Tu peux jeter dans la rivière une des choses qui t'embêtent, tu la vois s'enfoncer dans le courant et disparaître...

« Tu reprends ton chemin, de l'autre côté du pont il y a une belle forêt, avec des grands beaux arbres et plein de gentils animaux qui viennent te saluer : des lapins, des oiseaux, des écureuils... Ils t'accompagnent pendant que tu continues de marcher sur le sentier... Il fait très bon marcher dans cette forêt. Tu arrives dans une jolie clairière, avec une jolie maisonnette, les animaux t'invitent à y entrer.... À l'intérieur, ça sent bon le pain tout chaud, une belle vieille dame t'accueille. C'est une fée, et elle prend soin de toi en t'offrant à manger, à boire...

« Après avoir mangé et bu tout ce que tu voulais, tu lui dis que tu dois partir. Elle te donne alors une

magnifique clé en or, c'est un cadeau à emmener avec toi, qui représente ce dont tu as le plus besoin aujourd'hui (à adapter selon les cas : les connaissances pour un contrôle, la joie si on est triste, le courage si on a une épreuve à affronter, etc.). Tu repars sur le sentier, joyeux, détendu et satisfait, avec tous tes amis animaux. Au pont, vous vous dites tous au revoir chaleureusement et tu retournes au rocher blanc. Là, tu remets ou reprends ce que tu avais laissé, sans oublier de reprendre ton nom.

« Maintenant, je vais doucement compter jusqu'à trois, et tu reviendras avec moi, ici et maintenant, en gardant ta joie et ta détente et surtout la clé donnée par la bonne fée. Un, tu reviens tranquillement, tu as envie de bouger... Deux, les yeux toujours fermés, tu commences à remuer les mains et les pieds, tu te sens toujours aussi bien... Trois, tu ouvres les yeux, tu es revenu ! »

Il peut ensuite vous faire partager les images de son voyage (et réciproquement si vous l'avez fait avec lui) : *« Qu'as-tu laissé à côté de la pierre blanche ? »; « Et dans la rivière sous le pont ? »; « Comment était la maison ? » « Et la fée ? »*, etc.

Bénéfice

Cet exercice est particulièrement adapté avant des contrôles ou des examens, que votre enfant présente un échec scolaire, une hyperémotivité ou simplement un trac un peu trop fort. Il renforce facilement sa confiance en lui, puisque l'enfant reçoit et emporte la clé de connaissance ou d'émotion positive (paix, joie, estime de soi...) qui lui convient!

Par le massage shiatsu

Cette technique, très efficace grâce à la stimulation des ressources corporelles et énergétiques propres de l'enfant qu'elle entraîne, permet aussi d'apaiser l'émotionnel de ce dernier en le nourrissant affectivement. Elle peut s'utiliser en prévention ou en complément des traitements.

De quoi s'agit-il ?

Le massage shiatsu est un mode de communication non verbal privilégié pour apaiser un enfant aux prises avec des émotions qui le submergent et qu'il ne peut pas toujours nommer. Utilisez, pour ce faire, un peu d'huile (une noisette d'huile végétale[25] ou même de liniment oléo calcaire) avec, si vous le souhaitez, deux à trois gouttes d'huile essentielle de lavande (*Lavandula vera*, apaisante et inoffensive à ces petites doses).

Nous décrirons ici quelques séquences de points de massage destinés à stimuler des circuits énergétiques, puis émotionnels, et que vous pouvez faire très simplement à votre enfant. Il peut aussi être intéressant de lui montrer comment le faire tout seul ou de lui proposer d'essayer sur vous.

25. Abricot, arnica, argan, olive...

Comment procéder ?

Les gestes doivent être francs et appuyés, sans toutefois exagérer, pour éviter la sensation de chatouillis. Veillez à ce que l'enfant soit bien installé, toujours à plat ventre dans un premier temps.

Pour renforcer les défenses immunitaires

Frottez avec la paume des mains, de haut en bas, doucement d'abord puis plus vigoureusement, sur un trajet situé à environ deux doigts de part et d'autre de la colonne vertébrale. Puis, de chaque côté de celle-ci jusqu'à la zone de l'omoplate, tapotez légèrement avec la main en coupe, comme si vous teniez un pamplemousse (geste qui stimule l'énergie du poumon, responsable des défenses immunitaires). Massez ensuite la zone dorsale du niveau du nombril jusqu'aux reins – de chaque côté de la colonne toujours –, ce qui correspond au carré lombaire (action sur l'énergie du gros intestin, qui stimule la barrière immunitaire).

Faites retourner ensuite l'enfant sur le dos et frictionnez la poitrine, en insistant sur la zone située sous les clavicules et les mamelons, à partir du sternum (au centre) jusqu'à l'épaule. C'est un massage qui agit sur l'énergie du poumon, favorisant l'expectoration et stimulant le thymus* (grand régulateur immunitaire chez l'enfant). Terminez en massant doucement, mais fermement, les voûtes plantaires (selon la réflexologie*, tous nos organes importants sont reflétés dans celles-ci – ainsi que dans les paumes de nos mains – donc lorsque vous les massez, vous stimulez les organes du corps entier).

Points clés IMMUNITAIRES

4GI (gros intestin)	Entre le pouce et l'index, à la base du pouce.	Aide à lutter contre la fièvre, le nez bouché, la constipation. Point calmant.
6MC (maître-cœur)	Environ trois doigts au-dessous du poignet.	Calmant. Apaise les angoisses, prépare au sommeil.
17VC (conception)	Au milieu du sternum, entre les mamelons.	Dégage la poitrine des sensations d'oppression physique ou émotionnelles.
36E (estomac)	Sous le genou, entre le sommet du tibia et celui du péroné.	Tonifie l'état général, canalise l'énergie.
8MC (maître-cœur)	Au milieu de la paume de la main.	Apaisant, détendant.
1Rn (rein)	Au milieu de la voûte plantaire, juste au-dessous des coussinets.	Stimule la vitalité, enracine et calme.

Pour apaiser la sphère émotionnelle

Massez les pieds en insistant sur les talons et en étirant les orteils. Posez ensuite une main sur le ventre au niveau du nombril et l'autre sur le cœur et demandez à l'enfant[26] de prendre plusieurs respirations amples, en insistant sur le moment où celui-ci souffle, et abaissez un peu plus le diaphragme avec vos mains pendant quatre ou cinq respirations.

Puis massez avec le bout des doigts, assez doucement mais fermement, le trajet qui part du sternum (centre de la poitrine) et va jusqu'au dessous des clavicules (le mouvement se fait naturellement en plaçant le bout des doigts sur les espaces entre les côtes). Ensuite faites descendre vos mains à plat, de chaque côté de la cage thoracique, jusqu'aux hanches, toujours en veillant à ce que l'expiration soit la plus longue et la plus complète possible. Enfin, placez-vous derrière l'enfant et posez les mains de chaque côté de sa tête, en empaumant celle-ci de façon à masser doucement la nuque. On peut presser du bout des doigts l'espace entre la tête et le cou (occiput), ou simplement masser le crâne et le cuir chevelu, en pressant doucement avec la pulpe des doigts.

Le fait de sentir peu à peu tout le poids de la tête dans vos mains est un bon signe que l'enfant se détend.

26. Lorsque son âge le permet, sinon surveillez les respirations.

Points clés ÉMOTIONNELS

20VG (gouverneur)	Au sommet du crâne, légèrement à l'arrière (fontanelle).	Calme l'esprit.
17VC (conception)	Au milieu du sternum, entre les mamelons.	Dégage la poitrine des sensations d'oppression physique ou émotionnelles.
12VC (conception)	À mi-chemin entre l'extrémité basse du sternum et le nombril.	Plexus solaire, détend et calme l'angoisse.
7P (poumon)	Derrière la butée du poignet côté pouce.	Facilite les pleurs si blocage émotionnel.
6MC (maître-cœur)	Environ trois doigts au-dessous du poignet.	Calme le cœur, prépare au sommeil.
8MC (maître-cœur)	Au milieu de la paume de la main.	Apaisant, détendant.
1Rn (rein)	Au milieu de la voûte plantaire, juste au-dessous des coussinets.	Enracine et calme.

3F (foie)	Entre les premier et deuxième orteils, remontez jusqu'à la butée de l'os (métatarse).	Calme la colère, soulage et apaise la crise (de larmes, de nerfs…).
« Troisième œil »	Sur le front, entre les sourcils.	Calme le mental.

ASTUCE

Ne vous focalisez pas trop sur l'emplacement exact du point : en massage, c'est la zone et l'intention de faire du bien qui comptent! Si vous manquez de temps pour un massage complet, vous pouvez aussi stimuler simplement les points clés décrits, à la façon du massage japonais Do In*. Appuyez alors durant cinq secondes, de la pulpe de votre pouce, sur le point choisi, en effectuant de petites rotations dans le sens des aiguilles d'une montre, puis passez au point suivant. Autre variante : apposez des petits aimants sur ces points, à l'aide d'un sparadrap, pour la durée de la nuit. La stimulation magnétique du point va l'activer, comme le fait aussi la pression exercée lors du massage, stimulant (dans le sens décrit ci-dessus) l'organe qui y est relié [27].

27. Vous pouvez trouver des aimants sur Internet, par exemple le site www.aurismagnetic.com

DES THÉRAPIES S'APPUYANT SUR LA SYMBOLIQUE ET LA CRÉATION

L'art-thérapie

De quoi s'agit-il ?

Pratiquée avec un art-thérapeute, l'art-thérapie est une méthode de soins fondée sur les arts plastiques (peinture, collage, dessin, marionnettes, masques, modelage de terre, etc.) comme outils thérapeutiques. Mais parfois aussi sur d'autres supports artistiques, telles la danse ou l'expression corporelle. Le cabinet (ou atelier) d'art-thérapie est un espace protégé, bienveillant et chaleureux. C'est un lieu d'écoute attentive, de compréhension douce et de « soins par l'action artistique ».

Quel est l'intérêt pour l'enfant ?

Lors de ces séances, en plus de vivre l'expérience de la création, l'enfant va pouvoir, sans efforts conscients, déposer ses émotions sur le papier et exprimer son ressenti intérieur. L'art-thérapeute devient alors un guide dans l'exploration de ces émotions : joie, colère, tristesse, frustrations, douleur, pulsions, capacité ou non à se retenir, désir ou peur plus enfouie… Tout se transforme et prend sens sur le support, au travers de l'imagination de l'enfant et de son observation. L'utilisation de ce support symbolique artistique et ludique, dans le cadre sécurisé installé par le thérapeute, permet au cerveau de déstocker les informations anxiogènes qui le surchargent. Le fait de déposer ces informations parasites sur un support (dessin, création artistique diverse) permet d'installer vis-à-vis d'elles une distance salutaire.

L'art-thérapie est une clé de communication exceptionnelle, qui prend racine dans l'univers même de l'enfant et qui a déjà connu des résultats spectaculaires dans des pathologies graves comme l'autisme. C'est aussi un outil pédagogique très ritualisé : en concevant son œuvre, l'enfant apprend à se concentrer de façon ludique, avec le devoir de respecter des règles précises, qui l'aident à se repérer dans son espace-temps. Puis, en la contemplant, il pourra augmenter son estime de soi et sa confiance en soi, tout en apprenant à accepter et ne pas craindre le regard de l'autre.

Condition *sine qua non* pour que cela marche : l'art-thérapeute, la famille et l'entourage doivent se montrer très respectueux et inconditionnellement bienveillants envers toutes les productions de l'enfant. Il est même conseillé de valoriser celles-ci en les mettant en avant à la maison, avec l'aide de l'enfant.

L'art-thérapie : comment et avec qui ?

Les outils d'art-thérapie peuvent s'utiliser très tôt, notamment en cas de problèmes de séparation et/ou de communication dans la famille ou en collectivité. Dès l'âge de deux ou trois ans, cette méthode de soins peut aider l'enfant à trouver sa place et à apprendre le respect de soi et des autres.

Le travail peut se faire à plusieurs, comme c'est le cas désormais dans certaines crèches et haltes-garderies, ou bien en entretien individuel, sans l'assistance des parents. L'enfant sera alors valorisé par la pleine implication du thérapeute pour lui seul. Il pourra sentir combien il est important et unique aux yeux de ce référent bienveillant, qui place des limites fermes avec beaucoup de douceur, lui apprenant ainsi la « liberté dans un cadre ».

Au fur et à mesure du temps, le thérapeute pourra lui proposer de plus en plus d'outils et de supports, ce qui aidera l'enfant à développer de plus en plus de ressources.

Soyez vigilant !

Comme toutes les activités en pleine expansion, dans une société où chacun cherche des solutions efficaces pour communiquer mieux, les art-thérapeutes se multiplient sans que tous aient forcément suivi de formation sérieuse.

Quelques questions à vous poser lors de la première consultation :

- Le thérapeute vous semble-t-il bienveillant, sait-il s'adresser à l'enfant ?
- Le déroulement des séances est-il bien défini ?
- Quels sont les horaires, le tarif ?
- Le lieu est-il accueillant ?

Appuyez-vous aussi sur des références fiables : contactez la Fédération française des art-thérapeutes (www.ffat-federation.org).

En pratique...

Voici quelques exercices simples d'art-thérapie qui peuvent être proposés en toute sécurité à la maison, en cas de stress occasionnel ou de difficulté de gestion ponctuelle des émotions de votre enfant (il peut également s'agir de problèmes de communication, de socialisation, de sommeil...). Attention : si le problème vous semble se prolonger, consultez votre médecin, en vue de l'éventuelle mise en place d'un suivi psycho-émotionnel par un professionnel (si votre enfant a aimé les exercices que vous lui avez proposés à la maison, l'art-thérapie sera tout indiquée).

Toutefois, ne vous lancez pas dans les exercices ci-dessous à la légère, car certains d'entre eux peuvent être vécus très intensément par les plus jeunes. Soyez sûr d'être complètement disponible chaque fois et surtout d'avoir la capacité de répondre à ce qui peut se passer. Il est possible, en effet, que des nœuds inconscients se dénouent et s'expriment par un chagrin, une colère ou un malaise physique ponctuel chez votre enfant (surtout les tout-petits).

Consignes générales

Il s'agit d'un jeu en famille, qui exclut par conséquent l'idée de jugement. S'imposent donc *la confidentialité* (ce qui est fait ou dit ici ne sortira pas du cercle familial), *l'absence de jugement, la bienveillance* et *la solidarité envers soi-même et les autres.* Appliquez éventuellement une règle autour du temps de parole pour ritualiser l'événement. Prévoyez des supports et des feutres ou des craies grasses de couleur.

Exercices pour la gestion des peurs

Le cauchemar revisité

Consigne

Demandez à l'enfant de dessiner son cauchemar ou les perceptions qui lui en restent : peur, noir, chagrin... Puis proposez-lui de faire un autre dessin où le cauchemar se finit bien.

Bénéfice

L'idée est d'apprendre à l'inconscient de l'enfant à apaiser ses émotions négatives, en modifiant le scénario, et notamment sa fin (cet exercice est très utilisé chez les adultes atteints de troubles émotionnels, à qui il est proposé de modifier en imagination le déroulement d'un événement déplaisant ou d'un cauchemar).

La boîte magique à peurs et à soucis

Consigne

Embellissez et transformez une boîte avec votre enfant, à vos goûts respectifs, à la façon d'une tirelire. Demandez-lui de dessiner (ou de noter s'il est plus grand) ses peurs et/ou ses problèmes, puis de les placer dans la boîte. Ces obstacles psychologiques peuvent aussi être représentés par des objets symboliques : coquillages, boutons, rubans, plumes, découpages d'images dans des magazines, etc.

De temps à autre, vous pouvez ouvrir la boîte ensemble et lui faire jeter dans les toilettes (en petits morceaux si besoin) les peurs qui ne sont plus d'actualité. Les autres peuvent être transformées, ou remises, telles quelles, dans le contenant.

Variante : la boîte à soucis.

Placez sept petites poupées en chiffon (ou figurines) dans la boîte, une par jour de la semaine. Chaque soir, si besoin, l'enfant peut parler de son souci à la *poupée du jour*, que l'on place sous son oreiller pour lui permettre de le résoudre.

L'arbre à peurs

Consigne

Cet exercice se déroule en deux ou trois temps.

A) Au préalable, faites faire à votre enfant, si vous le souhaitez, un petit exercice simple de relaxation, en utilisant, par exemple, le petit protocole décrit ici pour aider votre enfant à se détendre (vous pouvez également vous référer à ceux proposés p. 143). Demandez-lui de s'installer confortablement, mettez une musique douce de relaxation/méditation et parlez-lui doucement :

« Tu inspires bien en gonflant le ventre, puis tu souffles fort tout l'air... On va faire ça deux fois ensemble... Tu te détends de plus en plus, ton corps est lourd, très lourd... Tu imagines que tu marches tranquillement sur un sentier de sable. Tu es pieds nus et tu sens le sable doux sous tes pieds, le soleil te réchauffe, tu entends plein de jolis chants d'oiseaux...

« Soudain tu vois un arbre très grand et très beau sur le bord du sentier, ses feuilles sont belles et bien vertes... Tu le trouves si beau que tu le prends dans tes petits bras, tu le serres très fort, il te rassure beaucoup... Tu décides de t'asseoir le dos contre son tronc et tu sens la force et la paix qui circulent partout en lui, de ses racines bien ancrées dans la terre jusqu'à ses feuilles qui se remplissent de l'énergie du soleil... Tu sens que cette force et cette paix viennent en toi aussi, et ça fait beaucoup de bien... Tu te sens fort et calme, très en sécurité...

« Puis tu te lèves, tu lui dis au revoir et merci et tu reviens tranquillement sur le chemin... Toute cette

force qui est en toi va rester... Tu vas respirer une fois avec moi comme au début, et après tu vas ouvrir les yeux.»

B) Demandez à votre enfant de dessiner un grand, fort et bel arbre avec beaucoup de feuilles, qui servira à porter et s'occuper à sa place de ses peurs (si vous avez fait l'exercice de relaxation, il peut s'appuyer sur ce qu'il a vu en imagination).

C) Enfin, faites-lui écrire (ou écrivez pour lui) sur des bouts de papier (un pour chaque) les peurs qui lui viennent à l'esprit lors de l'exercice. Par exemple : «J'ai peur de me tromper», «J'ai peur de décevoir», «J'ai peur s'il fait noir», «J'ai peur de tel ou tel contrôle / matière / maître(sse)», etc. Vous pouvez éventuellement l'aider si vous pensez à une peur qu'il n'a pas citée mais que vous jugez pertinente.

Scotchez ensuite avec lui chaque papier sur différentes parties du feuillage, à la place qu'il choisit. Ainsi, quand une peur sera terminée, il suffira de la dé-scotcher (et peut-être de la remplacer par une autre plus adaptée au moment présent).

Bénéfice

Il s'agit ici de mettre de la distance entre la peur ou le problème qui génère tensions, stress et émotions perturbantes chez l'enfant (inquiétude, colère, tristesse...).

Le fait de pouvoir le confier, sans forcément

s'en expliquer, à un élément extérieur (boîte, poupée ou arbre) agissant comme un porteur du problème qui s'en occupe à la place de l'enfant, permet peu à peu à ce dernier de s'en détacher émotionnellement et donc de pouvoir le dépasser.

Exercices pour aider l'enfant à se recentrer face à d'éventuels problèmes

Le grand cercle

Consigne

Tracez un grand cercle au centre d'une feuille blanche de format A4.

Demandez à l'enfant d'écrire son initiale où il veut sur la feuille, avec les feutres ou les craies grasses (selon son âge, il pourra aussi se représenter avec un simple point ou une croix), puis de dessiner ensuite ce qu'il veut, où il le souhaite.

Restez à ses côtés en intervenant le moins possible, même s'il vous sollicite, en renouvelant seulement les consignes si besoin.

Quand son dessin est terminé, parlez-en un peu ensemble. N'hésitez pas à le questionner doucement, sans attendre une réponse à tout prix et surtout sans répondre à sa place. Il s'agit juste de le guider pour échanger sur son dessin :

- Où es-tu sur le dessin ?
- Que représente le cercle ?
- Et dans le cercle ?

- Qu'y a-t-il à l'extérieur du cercle ?
- Pourquoi es-tu dans le cercle ? Ou au-dehors ?
- De quelle couleur es-tu ?
- Pourquoi ?
- Qu'as-tu ressenti en le faisant et/ou comment te sens-tu quand tu vois ce dessin ?

Contentez-vous bien de décrire le dessin. Vous êtes un observateur. Évitez le jugement, y compris positif. Plutôt que « C'est beau », dites « J'aime cela et cela ». Si l'exercice se fait en famille, chacun répond à ces mêmes questions selon la règle du temps de parole (cf. p. 93).

Bénéfice

Cet exercice peut s'avérer très utile en cas de malaise social plus ou moins défini et qui semble perturber l'enfant, à la condition absolue de rester observateur et de ne pas projeter ses propres angoisses sur le dessin de son enfant (ce qui est parfois difficile !). Ce qui compte, ce sont les processus psychiques qui vont s'enclencher lors de la production du dessin et du partage de vos observations avec lui.

ASTUCE

Ne tombez pas dans le piège de vouloir débusquer, comprendre et régler dans la foulée l'éventuel problème. Cela vous rendrait trop directif et vous perdriez votre impartialité, nécessaire à la réussite de l'exercice. Souvent, des prises de conscience inattendues et salutaires surviennent spontanément après coup, même chez les plus petits, et parfois jusqu'à plusieurs jours après la création du dessin!

Le coloriage de mandalas

Consigne

C'est un exercice libre, très utilisé en thérapeutique, qui ne nécessite pas de commentaires. Expliquez simplement la consigne à votre enfant, et veillez à ce qu'il la suive, mais de manière souple[28].

Bénéfice

Le fait de colorier des mandalas très simples, de l'extérieur vers l'intérieur, aidera l'enfant à se centrer, par exemple s'il a du mal à fixer son attention lors des devoirs ou lorsqu'il joue. À l'inverse, s'il a tendance à se replier sur lui-même, partir du centre vers l'extérieur l'aidera à s'ouvrir.

28. Nombreuses possibilités pour les enfants, du plus simple au plus élaboré, sur : www.hugolescargot.com/coloriages-mandala.htm

Exercices pour renforcer les liens familiaux

Le mandala familial

Consigne

Faire un dessin comme ci-dessous, en faisant et découpant autant de parts qu'il y a de personnes. Il est possible de n'être que deux, trois ou bien plus pour cet exercice.

Désignez l'un des adultes comme médiateur : il sera le meneur et le garant des règles de confidentialité, de bienveillance et de solidarité évoquées plus haut.

Chaque joueur tire une part au hasard. Au top départ, il y dessine tranquillement ce qu'il veut, avec les couleurs de son choix (en notant dans un coin son initiale). Le médiateur compte mentalement jusqu'à 40 ou 50 (selon l'avancement des dessins), puis énonce à voix haute le dernier décompte de 10. Chacun passe alors son morceau à son voisin et continue ainsi de remplir les parties qui se présentent à lui, à raison d'un changement toutes les minutes environ (on peut décider d'augmenter ou de réduire le temps si besoin).

Quand le morceau initial revient à son propriétaire, celui-ci dispose encore d'un décompte pour le modifier de nouveau comme il le souhaite. Lorsque c'est terminé, chacun remet en place la partie qu'il tient en main. Ceux qui le veulent peuvent exprimer ce qu'ils voient, comment ils se sentent…

C'est le Mandala de la famille[29]. Vous pouvez ensuite recoller ensemble les morceaux sur un joli fond et l'afficher. Après quelque temps, chacun peut demander aux autres de refaire sa partie, s'il souhaite la refaire, en expliquant ce qui le gênait. Il est également possible de le recommencer régulièrement (toutefois, pas plus d'une fois par mois), pour voir comment les parties et l'ensemble évoluent…

29. Si vous consultez un thérapeute pour votre enfant, vous pouvez faire le mandala à la maison et l'apporter en séance, cela pourra s'avérer très efficace.

Bénéfice

Faire peu à peu discerner la place de chacun dans la famille, en réunion avec les autres. Surtout, permettre à la situation d'évoluer, là où il y a des déséquilibres, au fur et à mesure du temps et des mandalas.

Le dessin instinctif

Consigne

Demandez à votre enfant de dessiner en noir et blanc ce qu'il veut, puis coloriez le dessin à votre guise, pendant qu'il regarde. S'il souhaite vous donner des indications pour colorier, prenez-les en compte et intégrez-en éventuellement quelques-unes dans votre coloriage. Mais vous pouvez très gentiment lui dire non s'il semble vouloir trop contrôler ce qui est votre partie de l'exercice. Partagez ensuite librement avec lui sur ce qui est sorti, sur ce qu'il ressent...

Variante : Demandez à votre enfant de dessiner avec la main gauche s'il est droitier (avec la droite, s'il est gaucher). Puis reconnaissez des formes et mettez-les en couleur avec lui. Ensuite, vous pouvez découper toutes ou certaines parties colorées et les coller sur un joli fond...

Bénéfice

Dans cet exercice, on part de l'instinctif de l'enfant et on ajoute du raisonné du parent, en mettant en valeur l'enfant. Le fait de relier l'imaginaire émotionnel de l'enfant à votre propre imaginaire raisonné sécurise inconsciemment ce dernier et renforce les liens positifs entre vous.

Exercice pour rétablir la communication

La marionnette haut-parleur

Consigne

Confectionnez une marionnette (ou une poupée de chiffon), destinée spécifiquement à faire figure d'intermédiaire entre votre enfant et vous lorsque ce dernier n'a pas envie de parler.

Vous pouvez, si vous en avez les talents et selon votre inspiration et l'âge de votre enfant (cet exercice fonctionne très bien jusqu'à 11-12 ans), confectionner une marionnette « perfectionnée », ou, à l'inverse, en faire une très simple, selon le modèle ci-dessous. Ce qui est important, c'est de la fabriquer avec lui, avec l'intention bien posée et exprimée d'en faire une marionnette haut-parleur, et, avec l'accord de chacun, de l'utiliser dans les moments difficiles (prévoyez une grande bouche joviale qui se voit bien).

Bénéfice

Cet exercice, très convivial, sert énormément à la résolution des crises éducatives et/ou lorsque le lien verbal risque de se couper du fait du mutisme de votre enfant et que vos moyens d'agir sont réduits. L'utilisation de cet intermédiaire permet la communication et la survenue d'émotions impossibles sinon.

Exemple d'une marionnette très simple :

Prenez un bâton de bois, un joli tissu, une boule de polystyrène blanche ou de couleur. Agrémentez le tissu de clochettes, perles, plumes ou autre selon vos goûts (et surtout ceux de votre enfant). Grâce à un petit ruban, fixez le tissu autour du haut du bout de bois, puis enfoncez la tête en polystyrène, en la collant si besoin.

Conclusion

En s'appuyant sur l'élan vital de l'enfant, l'art-thérapie l'aide à développer en confiance ses propres ressources, grâce à une présence bienveillante de l'adulte. Elle permet ainsi, peu à peu, une cohésion et une croissance harmonieuse de toutes les sphères qui le composent. Dans notre monde énormément axé sur le cognitif et l'intellect, notamment lors des apprentissages scolaires, c'est un outil privilégié pour avoir accès aux émotions de l'enfant, lui permettre d'entrer en contact avec celles-ci et leur donner du sens.

D'autres thérapies…

L'ostéopathie

Apprenez à faire confiance et à utiliser cette technique douce de manipulation corporelle, tant pour accompagner la croissance physique de vos bambins que pour équilibrer leur sphère émotionnelle : l'ostéopathie est en effet adaptée dès le plus jeune âge. C'est une ressource inestimable, à la fois préventive et curative.

La kinésiologie

C'est la science du mouvement du corps pour retrouver la fluidité du corps et de l'esprit. Cette méthode douce, qui vise à rétablir la circulation énergétique bloquée par des traumatismes physiques ou émotionnels gardés en mémoire par notre corps, implique également le psychisme. Elle met en évidence, par des tests musculaires, des déséquilibres énergétiques ou des stress émotionnels empêchant l'individu d'utiliser toutes ses potentialités et rétablit l'équilibre à l'aide de protocoles d'exercices psychocorporels.

La méthode Tomatis

Basée sur la neuroplasticité* du cerveau, cette technique utilise la stimulation de l'oreille interne par les sons. Très efficace sur les troubles spécifiques des apprentissages[30], la méthode Tomatis ne supprime pas la cause des problèmes. Mais, en jouant sur la plasticité des circuits nerveux impliqués dans le décodage et l'analyse des sons, ainsi que sur ceux de la motricité, de l'équilibre et de la coordination, elle permet à l'enfant de développer peu à peu des stratégies efficaces, plus ou moins conscientes, qui compensent les troubles.

LES THÉRAPIES DE « DÉSENSIBILISATION » DES ÉMOTIONS INADAPTÉES

L'EFT[B4], L'EMDR[B5] ET L'APPORT DE LA SOPHROLOGIE*

En cabinet

L'EFT (*emotional freedom technique*[31]), l'EMDR (*eye movement desensitization and reprocessing*[32]) et

30. Notamment la dyslexie (lecture), la dysorthographie (correspondances lettres et sons), la dysphasie (langage oral), la dyscalculie (performances mathématiques) ou encore la dyspraxie (planification et coordination des gestes appris, un trouble très fréquent chez les enfants précoces, ou souffrant de TDAH).

31. Technique de libération des émotions.

32. Mouvement des yeux, désensibilisation et retraitement de l'information.

la variante de celle-ci qui intègre la sophrologie, la méthode REMAS (cf. p. 190), sont des thérapies avant tout utilisées en cabinet pour gérer les troubles de la sphère sociale, cognitive et émotionnelle de certains enfants tellement débordés par leur propre fonctionnement qu'ils doivent être pris en charge par des spécialistes, ponctuellement ou à plus long terme. Les symptômes sont divers : trop-plein d'énergie (ou à l'inverse, repliement sur eux-mêmes), stress si intense qu'il perturbe leurs capacités d'attention ou de vie saine (sommeil, alimentation...), décalages psychomoteurs (comme la dyspraxie*), échec scolaire, énurésies primaires ou secondaires et/ou même apparition éventuelle de symptômes physiques, comme de l'asthme ou de l'eczéma.

Il s'agit aussi de méthodes de prise en charge des enfants souffrant de TDAH* ou présentant une précocité invalidante. Elles sont également utiles pour traiter les syndromes post-traumatiques (deuil, événement traumatisant, attaque par un animal...).

L'EMDR, notamment, auparavant réservée à ce seul stress post-traumatique, trouve de plus en plus sa place dans l'accompagnement de ces microtraumatismes qui, non soignés, peuvent, à force de répétition, finir par agir comme un « gros » traumatisme.

L'EFT

De quoi s'agit-il ?

L'EFT est une technique de libération des émotions utilisée pour se défaire des émotions négatives comme la peur du noir, une angoisse, une colère ou encore une intolérance à la frustration. La nouvelle psychiatrie, qui repose essentiellement sur les thérapies cognitives et comportementales, utilise désormais largement cette méthode, de plus en plus reconnue pour sa simplicité et son efficacité.

Comment ça marche ?

Il s'agit de stimuler quatorze points clés d'entrée et de sortie de certains méridiens énergétiques du visage et d'autres parties du corps, en les tapotant avec l'index et le majeur accolés, pour éteindre l'émotion et équilibrer l'énergie. Tout en tapotant, des phrases en lien avec une croyance négative de l'enfant sont répétées. Une phrase d'acceptation de soi est d'abord associée au « problème cible », par exemple : « Même si je suis en colère quand ma sœur me prend mon jouet, je m'aime et je m'accepte complètement. » Puis, à chaque fois qu'on tapote sur les points d'acupression, une phrase reformule la croyance négative en elle-même : « Je suis en colère, ma sœur me prend mes jouets. »

En séance...

Tandis que l'enfant évolue librement dans la pièce avec, à sa disposition, de quoi jouer, lire, faire des dessins ou boire, c'est le parent (la mère et/ou le père[33]) qui travaille, autour de phrases clés définissant l'émotion négative ou l'événement susceptible d'avoir provoqué le problème, grâce à des «rondes» de tapotis effectués en même temps que le thérapeute. Votre enfant, en plus de bénéficier des séances à travers vous, apprend peu à peu les séquences, ainsi que des gestes d'urgence à utiliser durant les crises (cf. p. 196).

Exemple d'une «ronde» avec la phrase : «Même si je suis en colère quand ma sœur me prend mon jouet, je m'aime et je m'accepte complètement.»[34]

➔ **Demandez d'abord à votre enfant de penser au problème** qui le préoccupe et d'évaluer l'intensité de ce qu'il ressent, sur une échelle de un à dix.

➔ **Puis demandez-lui de répéter trois fois la phrase[35],** pendant qu'il tapote son point de karaté ou un de ses points sensibles, ou le dessus de sa tête, avec le bout des doigts.

---

33. À définir avec le thérapeute lors d'une première consultation visant à cibler le problème à travailler.

34. Construire la phrase de manière positive, sans utiliser de forme négative.

35. Cette étape, appelée «inversion psychologique», vise à déprogrammer la croyance négative qui accompagne l'émotion angoissante.

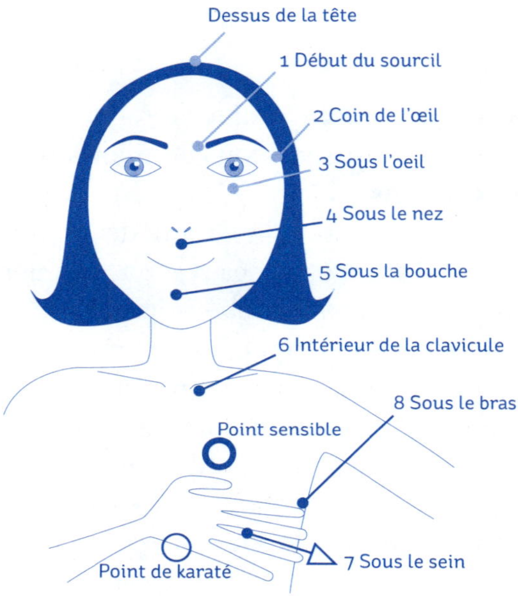

➔ Puis tapotez sur la main les points suivants (du côté gauche de l'ongle pour la main droite, du côté droit de l'ongle pour la main gauche), en continuant d'énoncer la phrase : « Je suis en colère, ma sœur me prend mes jouets. »

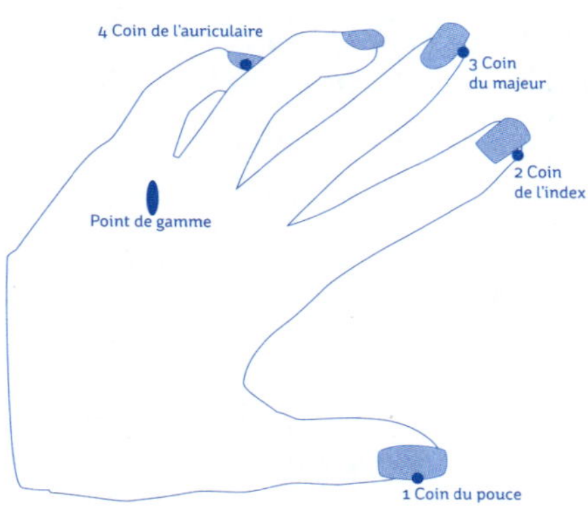

↳ Finir par la petite séquence suivante, en faisant tapoter votre enfant sur le « point de gamme[36] ».

« *Ferme les yeux. Ouvre les yeux. Sans bouger la tête, juste avec tes yeux, regarde sur la droite, puis sur la gauche. Tourne les yeux dans le sens inverse, puis dans le sens des aiguilles d'une montre.* (Si l'enfant est petit, mimez-lui l'orientation.) *Chante quelques notes d'une chanson que tu connais bien. Compte de un à cinq* (aidez les petits). *Chante à nouveau quelques notes d'une chanson que tu connais bien.* »

La ronde est alors terminée.

À la maison :

Vous pouvez faire des rondes avec votre enfant, sans aucun danger (contrairement à l'EMDR) et en suivant le procédé des rondes décrit pour les séances.

Seul ou avec votre enfant, définissez une phrase autour du problème. Mesurez, sur une échelle de zéro à dix, à quel point cette phrase le perturbe, puis faites une ronde. Mesurez à nouveau le degré de perturbation (qui a certainement déjà baissé), recommencez une ronde, etc.

36. Qui agit comme un harmoniseur des autres actions, comme lorsqu'on accorde différentes notes d'un piano pour que le son soit plus harmonieux.

L'EMDR

De quoi s'agit-il ?

L'EMDR est un outil thérapeutique subtil développé dans les années 1980 par l'infirmière et thérapeute comportementale Francine Shapiro, pour la prise en charge des syndromes post-traumatiques. Il permet en effet de réguler (en imitant le rôle physiologique des rêves) le traitement des informations sensibles ou stockées qui attendent d'être intégrées. Cette méthode occupe une place de plus en plus prépondérante dans la psychologie et la psychiatrie[37], notamment pour tout ce qui relève de la prise en charge des inadaptations ou des troubles du comportement intellectuel, social ou psychique des adultes et des enfants.

Comment ça marche ?

Il existe en chacun de nous un mécanisme naturel de tri et de digestion des informations et des émotions, appelé *le système adaptatif de traitement de l'information*. Ce phénomène intervient essentiellement lorsque nous dormons, durant la phase dite de sommeil paradoxal (ou léger) pendant laquelle se produisent les rêves. Il est permis par

37. La thérapie EMDR a notamment été plébiscitée par le docteur David Servan-Schreiber, qui l'a fait connaître en France, avec des résultats spectaculaires en psychiatrie adulte, dans les cas de syndromes post-traumatiques, puis dans la dépression au sens plus général.

les mouvements alternatifs de nos yeux, qui ne cessent de bouger sous nos paupières (de droite à gauche ou de gauche à droite) et aident à la gestion des émotions laissées en suspens dans notre système nerveux, qu'il aide ainsi à se régénérer.

Un processus que l'EMDR va tenter de reproduire. Le thérapeute, après avoir demandé à l'enfant de se replacer dans le contexte du problème qui le met mal à l'aise, stimule ce système grâce à des stimulations bilatérales alternées (SBA) qui reproduisent les mouvements des yeux lors des rêves.

Il existe deux grands types de SBA, qui stimulent les mêmes voies d'intégration. D'une part, les SBA oculaires : le thérapeute utilise une baguette, qu'il promène de gauche à droite, le nombre de fois qu'il le juge nécessaire, devant le regard de l'enfant. D'autre part, les SBA en alternance sur chaque genou : le thérapeute utilise deux baguettes, chacune d'elles tapotant en alternance un des genoux. (Il existe également le SBA dit du papillon, où l'enfant se fait lui-même des tapotis alternatifs sur chaque épaule, avec les mains.)Ces différents mouvements facilitent un accès rapide à tous les canaux concernés par le souvenir ciblé. Grâce à eux, ces informations sensibles peuvent se reconnecter au réseau des connaissances intellectuelles, ce qui permet peu à peu l'intégration correcte des données erronées, en confiance dans la relation de sécurité établie avec le thérapeute, donc la disparition de l'anxiété inadaptée ou des symptômes.

Ces SBA, puissantes et loin d'être anodines, mettent souvent en lumière de très fortes émotions, inconscientes et ignorées jusque-là. C'est pourquoi ce traitement doit être exclusivement cantonné aux séances avec un professionnel.

En séance (et en séance uniquement) :

Après avoir expliqué les tenants et aboutissants de la méthode à l'enfant et aux parents, le thérapeute commence le travail en élaborant l'image d'un « lieu rassurant[38] » avec l'enfant. Cette étape de sécurisation est indispensable au bon déroulement du futur travail.

À la séance suivante, l'image traumatique est travaillée. Prenons l'exemple d'un enfant qui s'est fait mordre par un chien. La croyance négative (les émotions et les sensations physiques ressenties : « Je suis en danger », « J'ai peur »...) est à chaque fois remplacée par la croyance positive souhaitée (« Je suis en sécurité », « Tout va bien », etc.) au moyen des SBA.

En troisième lieu vient la phase de *désensibilisation*, qui peut prendre plusieurs séances. Voici un exemple d'un échange envisageable lors de cette phase :

---

38. Étape que vous pourrez vous-même utiliser à la maison : cf. p. 193.

Thérapeute : Quand tu penses à ce moment, que ressens-tu à l'intérieur de toi, là, tout de suite ?

Enfant : J'ai peur.

– Dans quelle partie de ton corps ?

– Au ventre.

– On continue avec ça. Concentre-toi bien sur cette sensation que tu éprouves dans le ventre et suis bien la baguette avec les deux yeux... Comment dirais-tu que cette sensation est maintenant ?

Il est alors demandé à l'enfant de noter son malaise : pour les plus grands, de dix à zéro, pour les plus petits, avec une échelle de clowns, du plus joyeux au plus triste ou encore avec l'écart des mains...

Cette procédure se poursuit à l'identique, enrichie des commentaires de l'enfant sur ses sensations ou sur des associations d'idées qui lui viennent librement, jusqu'à ce que la perturbation atteigne un niveau zéro. Lors de chaque fin de séance, quelques minutes sont consacrées pour permettre à l'enfant de se visualiser de nouveau dans son lieu sécurisé rassurant, afin d'atténuer les perturbations inévitables générées par le travail.

Dernières phases restantes : celle d'une dernière vérification que la croyance positive est bien intégrée, puis celle de clôture, en s'assurant qu'aucune parcelle de l'événement ne perturbe plus l'enfant. S'il reste d'autres situations à traiter, le thérapeute reprend un cycle sur un nouveau problème-cible.

Les SBA combinées à la sophrologie (technique de REMAS)

De quoi s'agit-il ?

La sophrologie* est, par excellence, l'une des solutions pour intégrer du positif dans l'existence. Elle permet de trouver en soi des ressources bénéfiques et de les ramener ici et maintenant, comme si elles étaient une réalité vécue : ce qui vient renforcer positivement le présent.

La REMAS (reprogrammation émotionnelle avec les mouvements alternatifs et la sophrologie)*, technique développée par l'équipe de soignants en Haïti citée plus haut, a pour spécificité de combiner les SBA et la sophrologie. Ce qui rend cette démarche de désensibilisation émotionnelle accessible aux parents, et non plus aux seuls spécialistes. Son indication est toutefois limitée aux phases 1 à 3 décrites ci-dessous, ainsi qu'à des comportements inadaptés très ponctuels, dans le cadre d'une situation précise et identifiée, chez un enfant par ailleurs bien équilibré. N'hésitez pas à consulter si l'état de votre enfant ne s'améliore pas au bout de quelques semaines.

En cas de troubles plus importants, la démarche complète doit être laissée aux soins d'un spécialiste en soins psychiques (psychiatre, infirmier en psychiatrie, psychologue). La phase 4, qui est censée replonger l'enfant au cœur de son problème, doit être réservée au thérapeute...

Comment ça marche ?

Cette technique se décompose en quatre phases.

Phase 1 : l'apaisement

Calmez votre enfant en lui faisant faire, durant quelques minutes, une séquence d'exercices d'activation (cf. p. 142).

Phase 2 : la déprogrammation émotionnelle

Les effets conjugués de la séquence d'exercices d'activation et du lieu de sécurité (cf. p. 193) vont induire une détente permettant au sujet d'arriver dans un état d'ondes alpha.

« Tu t'installes confortablement sur ta chaise, les pieds bien posés au sol. Pendant quelques instants, tu regardes juste ta respiration, tu es tout petit, recroquevillé, assis sur ta chaise, tes yeux sont fermés... Tu es une petite graine, et, tout doucement, à chacune de tes respirations, la petite graine grandit. D'abord, les racines sous tes pieds... Puis, à chacune de tes respirations, le tronc grandit et tu deviens un très bel arbre... Grand et solide... Et tout doucement, le vent berce le grand arbre... Tes bras sont les branches de cet arbre...

« Tout doucement, le vent se calme et tu laisses tes bras redescendre, et tes mains se poser sur tes cuisses. Tout doucement, tu sens ce qui se passe dans ton corps... La chaleur... Le poids... La forme... Les picotements... Tous les messages agréables que ton corps t'envoie.

« Et maintenant que tu es tout calme, tout détendu, je te propose de te mettre dans ton endroit magique, où tu pourras continuer à grandir en sécurité… Tu imagines l'endroit avec les formes… les couleurs, et tout ce qui t'entoure… »

Phase 3 : l'ancrage profond du « lieu de sécurité »

Une phase d'ancrage à associer avec un geste signal (prendre trois respirations profondes, puis serrer le poing) qui permet de rappeler à tout moment le lieu sécurisé.

« Quand tu auras bien imaginé ton lieu magique de sécurité, tu respireras trois fois profondément… Et tu serreras ton poing pour le mémoriser à l'intérieur de toi… Dans tout ton corps. Maintenant, chaque fois que tu auras peur, que tu auras besoin d'être calmé et tranquille, tu pourras, juste en fermant les yeux, en respirant trois fois et en serrant le poing, retrouver le calme et la sécurité…

« À présent, pendant quelques minutes, nous prenons le temps de laisser notre corps retenir, mémoriser tout ce qui est agréable pour nous. Nous avons confiance en nous et dans le monde qui nous entoure… Nous sommes en harmonie et en pleine forme. »

Phase 4 : Désensibilisation de la crise émotionnelle (réservée aux thérapeutes)

Il s'agit ici de ramener l'enfant dans les émotions qui le débordent habituellement :

c'est pourquoi cette partie est réservée au seul thérapeute, puisqu'elle expose l'enfant à être de nouveau démuni devant ses ressentis et que la maîtrise du professionnel est nécessaire pour en gérer les éventuelles conséquences. Le thérapeute demande à l'enfant de se rappeler la situation qui le perturbe et de se replonger dans ce qui le fâche, lui fait peur ou le rend triste. Il traite ensuite l'information grâce à des SBA sur les épaules (*via* le geste d'urgence du papillon dérivé de l'EMDR, où il tapote alternativement, en rythme, chaque épaule avec ses mains croisées). Il laisse l'enfant imaginer qu'un très beau et gentil papillon vient de se poser sur lui et commence à battre des ailes : «*Ce joli papillon va battre des ailes jusqu'à ce que ce qui te fait mal se calme...*»; «*Sens-tu comme cela va mieux avec son aide?*»; «*Il te donne toute sa force calme pour t'aider*»; «*Continue bien de lui faire battre les ailes*», etc.

Des thérapies également utiles à la maison «en urgence»

Créer un lieu sécurisé avec et pour votre enfant afin d'y recourir lors des débordements émotionnels

Avant tout, créez avec votre enfant un lieu sécurisé imaginaire pour lui, selon la technique qui lui correspond le mieux (dessin, collage, histoire imaginaire...), en utilisant des symboles qu'il aime et qui le rassurent, et dans lesquels il est représenté. N'utilisez pas de vraie représentation de lui de type photo : il faut que l'ensemble reste symbolique et imaginaire. Il apprendra peu à peu à se visualiser dans ce lieu, et surtout à l'associer à des sentiments de calme, de bien-être et de sécurité. Cet exercice est très ludique et très efficace, grâce à votre complicité dans sa création et à votre aide bienveillante. Lorsque vous avez fini, vous pouvez passer ensemble un contrat (cf. partie 1, p. 81), par lequel il s'engage à s'efforcer de collaborer et de penser à ce lieu au cours d'éventuelles crises d'angoisse ou de colère.

Sous forme de peinture ou de dessin...

Dessinez ensemble un lieu totalement clos, donc inaccessible aux intrus. Le soleil et un arbre symbolisent une image chaleureuse et forte du père, tandis que la cascade et l'eau symbolisent la mère, douce et rassurante. Les animaux apportent un sentiment de protection et d'affection simple et fiable, facilement accessible aux enfants.

Voici comment on peut aider l'enfant à visualiser ce lieu une fois créé. Il est recommandé d'activer ses sens notamment en lui demandant d'imaginer qu'il ressent des odeurs, qu'il touche des choses, etc. Cela aide beaucoup de les lui décrire.

Par exemple : « *Tu es rassuré, apaisé par le murmure de l'eau et la présence réconfortante de tes amis animaux. Tu sens le parfum des fleurs, la chaleur du soleil, l'appui solide de l'arbre dans ton dos, et sur ta peau la brume d'eau fraîche, l'air doux de la montagne. Ton chien est calme, en train de respirer tranquillement à côté de toi, tu le caresses et sens sa fourrure sous ta main, etc.»*

Sous forme de collage...

Réunissez, sur un collage, différents éléments découpés dans des magazines et que votre enfant aime (par exemple, des images de personnages de dessins animés) ou qui le rassurent. Choisissez avec lui un personnage qui le représente, lui, et intégrez-le dans le décor. Puis aidez-le à se visualiser comme étant ce personnage dans ce lieu agréable et sécurisé, en utilisant la description imaginaire des sons, température, textures, ambiance et autres personnages ou animaux qui habitent ce lieu.

***Via* le simple support de son imagination...**

Reconstruction autour d'un bon souvenir

(par exemple, une sortie à la mer ou à la montagne, en famille ou avec des amis, qui s'est particulièrement bien passée).

Donnez un nom à cette scène avec votre enfant : «Sortie en forêt avec...», «Quad avec...», «Fou rire à la mer...» Habituez-le à se la remémorer, les yeux fermés, et à vous raconter tous les éléments positifs de l'événement (qui était là, quel temps il faisait – s'il y avait du vent, du soleil… –, à décrire le paysage, ce à quoi ils avaient joué, comment faisaient les sons des rires, des oiseaux, des vagues…), en lui demandant de ressentir de nouveau le sentiment heureux vécu à ce moment-là.

Une scène totalement imaginaire…

Investissez sa propre chambre, ou une pièce qu'il aime, de pouvoirs et d'éléments magiques provenant d'une histoire qui a sa prédilection. Puis efforcez-vous de transformer la pièce en lieu sécurisé. Elle peut se trouver dans un arc-en-ciel (incitez-le alors à sentir chaque couleur, jaune égale citron, rouge égale fraise, etc.). Le lit peut être un immense nuage doux et accueillant susceptible de le regonfler en énergie si besoin, tandis que de nombreux placards ou portes invisibles gardent les problèmes hors de vue. En attrapant les rayons du soleil, une grande plante verte peut produire une poussière de protection magique, etc.

Au cœur des crises : des gestes d'urgence, extraits des méthodes décrites.

Les gestes décrits ci-dessous sont à effectuer en parallèle d'une incitation de l'enfant à retrouver son calme, *via* la maîtrise de sa respiration et le ressenti de son lieu sécurisé.

Consignes

Vous pouvez, dans les premiers temps, en sus (ou non) d'avoir appliqué la technique REMAS, lui montrer et/ou lui raconter le dessin, la photo ou le scénario que vous avez construit ensemble.

➥ **Incitez l'enfant à tapoter les points EFT suivants :** le point de karaté et/ou le point de l'intérieur de la clavicule.

➥ **Ou demandez-lui de faire le papillon :** la main droite vient toucher la clavicule gauche, et inversement. Les bras ainsi croisés sur la poitrine, il tapote doucement sur ses clavicules, en alternance et peu importe à quel rythme.

➥ **Ou encore, vous pouvez aussi lui demander de faire des mouvements alternatifs équivalents aux SBA[39],** sous forme de petites tapes sur chaque genou, là aussi rythmées.

Bénéfices

Tous ces gestes apaiseront l'enfant en détournant son attention du phénomène perturbant. Ils le ramèneront aussi, plus vite et plus facilement, à la sensation de ré-assurance ressentie à l'évocation de son lieu sécurisé. Surtout, les mouvements alternatifs reconnectant les émotions inadaptées aux connaissances intellectuelles acquises, ils lui permettront de reprendre en main l'émotion qui l'a débordé.

39. Cf. p. 187.

ASTUCE

Tout en appliquant nos conseils pour le calmer, contenez l'enfant par la voix, et si besoin par le biais d'un enlacement (pour qu'il sente bien la limite posée par l'adulte, là où il est lui-même débordé par des émotions trop fortes et incompréhensives, pulsionnelles). Peu à peu, il devrait ainsi arriver à gérer lui-même en partie ses crises, et à partir moins vite, moins loin, moins longtemps.

LES TRAITEMENTS NATURELS

Dans la mesure du possible, tentez de limiter les médicaments dits classiques, ou allopathiques. À base de molécules chimiques – à commencer par les corticoïdes et les antibiotiques – ils doivent être réservés aux situations graves, et non pas à chaque pathologie infantile ou saisonnière, comme c'est souvent le cas actuellement. Laissez donc de l'espace et du temps à l'organisme de vos enfants pour se sortir « seul » des infections, simplement aidé par les remèdes naturels.

Homéopathie, phytothérapie, gemmothérapie, micronutrition ou autres fleurs de Bach sont en effet, le plus souvent, très efficaces si elles sont bien utilisées. Non intrusifs pour l'organisme, ces traitements offrent toute une palette de solutions pour diminuer les effets du stress et pour renforcer les défenses de nos enfants. Cela dans une période de leur vie où ils sont tout à la fois très forts – le potentiel de leur système immunitaire est énorme – et particulièrement vulnérables. Leur métabolisme n'ayant pas encore fait la connaissance de tous les agents pathogènes, chaque contact est potentiellement explosif. Ce sont des apprentissages initiatiques qui comptent aussi symboliquement pour leur construction psychique et émotionnelle. C'est une période importante où ils apprennent comment se comporter, tant avec leur être qu'avec leur environnement.

Cette attitude peu interventionniste doit être mise en place très tôt, puisque la gestion de chaque épisode infectieux détermine souvent le déroulement de celle du suivant ! Cette attitude implique de faire confiance au grand potentiel de défense et de récupération de vos enfants.

En homéopathie

Les dilutions le plus souvent utilisées sont les CH, allant de 4 ou 5 CH (destinées au traitement du symptôme plutôt localisé) à 30 CH (traitement à un niveau bien plus global : de la cause, de la sphère émotionnelle ou du type sensible de l'individu). En passant par la dilution 9 CH, qui présente l'intérêt de faire le lien entre les deux et qui est particulièrement efficace chez les enfants, vous pouvez utiliser des doses ou des granules.

Protocole préventif viral hivernal

Prendre chaque dimanche (D), dès novembre, une dose de :

- **Oscillococcinum** D1
- **Echinacea 4 CH** D2
- **Sérum de Yersin 30 CH** D3
- **Influenzinum 15 CH** D4
- Puis recommencer tout l'hiver...

Pour la sphère émotionnelle

Pour apaiser l'anxiété selon sa source (connue ou supposée)

- **Gelseminum 15 CH :** appréhension stressante d'un événement ponctuel ou répété.
- **Ignatia amara 15 CH :** hypersensibilité aux stimuli, aux bruits, aux émotions (l'enfant vous semble être une boule de nerfs).

Pour apaiser l'anxiété due à un changement mal supporté, ou à un rythme trop soutenu

- **Phosphoricum acidum composé :** intolérance au stress et surmenage, d'abord psychique puis peu à peu physique, lors d'un changement mal supporté, ou suite à une pression trop grande pour les ressources de l'enfant (débuts scolaires, accélération des rythmes...).

- **Staphysagria 15 CH :** anxiété et colère de frustration, suite à un changement mal accepté ou à une séparation mal vécue (par exemple lors du départ d'une nourrice, de la reprise du travail de la mère...).
- **Capsicum annuum 15 CH :** suite de déracinement (déménagement, départ à l'étranger...) mal supporté.

Pour apaiser l'agitation motrice

- **Tarentula hispanica 9 ou 15 CH :** instabilité psychomotrice, situation d'échec scolaire due à l'incapacité d'attention, indiscipline et troubles de la mémoire, troubles du sommeil avec cauchemars et/ou terreurs nocturnes...
- **Arsenicum album 15 ou 30 CH :** grande composante anxieuse, avec alternance de fatigue et d'agitation.
- **Anacardium Orientalis 9 ou 15 CH :** l'enfant n'arrive plus à se contenir émotionnellement, notamment si ses besoins primaires ne sont pas satisfaits (faim, sommeil ou repos, sécurité...).

Posologie : pour les traitements symptomatiques, on utilise plutôt les granules, à raison généralement de deux de chaque médicament choisi. La fréquence de prise pouvant aller, selon la pathologie et l'intensité des symptômes à traiter, de toutes les quinze minutes (par exemple pour une très forte agitation) à toutes les heures, ou juste deux à quatre prises par jour. Espacez et arrêtez ensuite les prises selon l'évolution.

ASTUCE

Il existe encore très peu de pédiatres homéopathes. En revanche, les généralistes sont de plus en plus nombreux à utiliser les granules, notamment du fait de la reconnaissance croissante de l'homéopathie en France. N'hésitez donc pas, dès la visite du premier mois, et notamment si votre enfant ne présente pas de problèmes de santé particuliers, à aller consulter un généraliste homéopathe, qui vous aidera à prendre de bonnes habitudes très tôt.

En gemmothérapie

La gemmothérapie est une branche de la phytothérapie qui utilise des tissus embryonnaires végétaux en pleine croissance – comme les bourgeons frais et les jeunes pousses des plantes ou des arbres – très riches en facteurs de croissance, enzymes, minéraux, vitamines et acides nucléiques.

La gemmothérapie agit notamment sur les processus naturels de régulation et de drainage, et est donc parfaitement adaptée aux enfants. Elle est, le plus souvent, proposée en macérat glycériné de bourgeons, chatons ou jeunes pousses de plantes.

Pour stimuler l'immunité

Le cassis (*Ribes nigrum*), le matin, et l'églantier (*Rosa canina*), le soir, sont particulièrement adaptés pour stimuler et réguler le système immunitaire des enfants. Ils sont pris de manière préventive (cure de trois semaines en novembre) ou curative à chaque infection.

On peut ponctuellement ajouter le romarin (*Rosmarinus officinalis*), soit pour accompagner les changements de saison, soit pour aider à drainer le tube digestif, lorsqu'il est enflammé à cause d'une infection.

Pour réguler la sphère émotionnelle

Les bourgeons de tilleul (*Tilia tomentosa*), un décontractant musculaire, permettent à l'enfant de se détendre. Il est préférable de les donner le soir au coucher.

Posologie : associez une ou deux plantes le matin et/ou le midi. Le soir, soit vous répétez l'opération avec les mêmes plantes soit vous en associez deux autres à raison de une goutte par kilo de chaque macérat (le plus souvent on trouve des macérats de bourgeons glycérinés en 1 DH[40]).

---

40. Ces traitements ont souvent un goût peu agréable, vous pouvez les diluer dans un peu d'eau avec du miel, du sucre de canne ou dans un jus de fruits.

LEXIQUE

A

Amygdale cérébrale : il en existe une dans chaque hémisphère cérébral. C'est le siège des émotions négatives et des émotions les plus primitives. Les amygdales jouent un rôle important dans la reconnaissance et dans la gestion de nos émotions, en particulier dans nos réactions de peur et d'anxiété. C'est aussi la partie la plus ancienne de notre cerveau, qui préside à l'instinct de survie et gère les fonctions organiques : faim, respiration, circulation, régulation de la température, mouvement et équilibre.

Anthroposophie : approche médicale due à Rudolf Steiner qui, au-delà de soigner le corps, s'attache aussi à une approche spirituelle. Les remèdes reposent sur des plantes (par exemple, les traitements proposés par la gamme Welda sont anthroposophiques), ou des conseils d'hygiène de vie (tant relationnelle qu'alimentaire ou de philosophie). Sans rejeter les principes de la médecine moderne, cette discipline introduit une vision plus large de la santé et de l'individu.
www.anthroposophie.fr/saf-stei.php

Anxiété : trouble psychique se caractérisant par la crainte de la survenue d'un danger réel ou imaginaire.

B

Bébés aux besoins intenses : le Dr Sears, pédiatre américain, se penche en 1985 sur ce type de nourrissons avides de maternage proximal qu'il surnomme « bébés aux besoins intenses » (BABI). Cette notion a été reprise et développée par nombre d'experts qui préconisent tous des soins le plus proches possible des besoins immenses de ces bébés.

C

CNED : Centre national d'enseignement à distance.

Conférences TED : ce sont des conférences de 15-20 minutes (soit la durée d'attention moyenne) sur n'importe quelle idée innovante. Le concept, qui date des années 1990, existe désormais en France. Les thèmes et les intervenants sont variés : artistes, parents, thérapeutes, sportifs, géants du monde des affaires, anciens présidents, etc.

Cortex préfrontal : il est situé dans la partie antérieure du cortex supérieur. À l'inverse des structures du système limbique qui dominent notre comportement lié aux émotions, le cortex préfrontal est en charge de notre capacité d'adaptation. C'est le cerveau de l'intelligence, de l'esprit d'initiative, de la prise de décisions, du sang-froid, de l'anticipation, de la planification et de la résolution de problèmes. C'est par lui que passent le contrôle des connaissances, la pensée abstraite, l'apprentissage des règles, l'attention sélective ou encore l'initiative.

Cortisol : hormone du stress.

D

Déficit de l'attention (cf. TDAH)

Do In : technique d'automassage japonais issue de la médecine chinoise traditionnelle Sa pratique est très proche de sa version japonaise appelée shiatsu, la « voie par la pression des doigts ». Ces deux techniques ont parfois reçu l'appellation plus européanisée de digitopuncture de points situés sur les méridiens d'acupuncture.

Dyspraxie : la dyspraxie est une altération de la capacité à exécuter de manière automatique des mouvements déterminés, en l'absence de toute anomalie de fonctionnement des muscles impliqués dans le mouvement. Il faut contrôler volontairement chacun des gestes, ce qui demande beaucoup d'attention et rend la coordination des mouvements de la vie courante très difficile et rarement obtenue. www.chrysalide.info/wp-content/uploads/2012/09/expos-de-rentre-timothe-01-2012.pdf

E

Endorphine : découverte par John Hughes et Hans Kosterlitz en 1975, l'endorphine est une hormone appelée couramment « hormone du bonheur », fabriquée dans le cerveau par une structure nommée hypophyse. On la qualifie d'« opioïde », car elle a une action similaire à celle de l'opium ou de la morphine. La pratique qui permet de ressentir la montée d'endorphine la plus importante est le sport. La synthèse d'endorphine qui en résulte permet d'adoucir les émotions et les sensations négatives au profit d'une impression de bien-être. Elle est également synthétisée si on se sent bien, prenant alors le pas sur les sécrétions de cortisol*.

Eurythmie : expression artistique dans laquelle la musique et les paroles sont exprimées par des mouvements spécifiques du corps qui correspondent à des notes ou à des sons particuliers. L'eurythmie fait partie intégrante du programme de toutes les écoles Steiner-Waldorf.

H

Hippocampe (un pour chaque hémisphère cérébral) : il fait partie du système limbique et participe à des fonctions aussi essentielles que la régulation de l'humeur, l'acquisition des connaissances, ainsi qu'à des notions très sociales comme l'instinct maternel, la sociabilité, l'enjouement ou la curiosité. Et, de façon plus générale, à l'adaptation d'un individu à son environnement. Relié directement, dans chaque hémisphère, à l'amygdale, son activation directe peut déclencher de fortes émotions (colère, peur, angoisse de séparation).

Holistique : du grec *holos*, « le tout ». Une vision holistique de l'être humain tient compte de ses dimensions physique, mentale, émotionnelle, familiale, sociale, culturelle et spirituelle.

Hyperactivité : un enfant hyperactif est un enfant dont l'activité motrice ou cérébrale est augmentée et désordonnée, accompagnée d'impulsivité, de réactions agressives et de troubles de l'attention qui vont jusqu'à perturber ses capacités d'attention, de concentration et de contenance des émotions.

Hypnose : méthode thérapeutique mise au point par Milton Erickson, psychiatre américain (1901-1980), qui mène à un état de conscience modifié permettant une interaction volontaire avec l'inconscient. Le nouveau courant d'hypnose humaniste amène le travail hypnotique dans une dimension d'ouverture, de prise de conscience et de travail symbolique.

N

Nerf crânien X ou « vague » (cf. système parasympathique).

Neuroplasticité : ensemble des manifestations traduisant la capacité des neurones à se reconnecter entre eux, tout au long de la vie. Ces mécanismes contribuent à une adaptation des neurones à d'éventuelles nouvelles connaissances ou situations.

P

Pleine conscience (*mindfullness*) : méthode de méditation laïque visant à réduire l'impact du stress, développée par l'Américain John Kabbat-Zinn pour les Occidentaux, à partir des théories bouddhistes ancestrales.

Probiotiques : ce sont des micro-organismes vivants, bactéries ou levures, naturellement présents dans l'organisme, notamment dans la flore intestinale. Leur absorption par voie orale, sous forme de compléments alimentaires, stimule la croissance de ces bactéries intestinales exerçant ainsi un effet bénéfique sur la santé.

Proprioception : connaissance de la position du corps (ainsi que de toutes ses parties) et de leur mouvement dans l'espace, sans que l'individu ait besoin de les vérifier en regardant.

Psychogénéalogie : méthode thérapeutique qui étudie la transmission trans-générationnelle. Il s'agit de découvrir les événements qui, chez nos aïeux, pourraient avoir une résonance avec nos propres problèmes et surtout de trouver comment se défaire de ces poids du passé.

R

Réflexologie : discipline qui repose sur le postulat que chaque organe, partie du corps ou fonction physiologique, correspondrait à une zone ou à un point sur les mains, les pieds ou les oreilles (des cartes précises ont été établies en médecine chinoise traditionnelle énergétique). Un toucher spécifique appliqué sur ces zones permettrait de rétablir l'équilibre du corps.

Résilience : la résilience est introduite en France et expliquée par Boris Cyrulnik : « La résilience définit la capacité à se développer quand même, dans des environnements qui auraient dû être délabrants. » C'est notamment la capacité à vivre une vie émotionnelle et sociale « normale » après un traumatisme, grâce à des référents positifs (parents, médecins, thérapeutes, etc.) suffisamment solides et réparateurs.

S

Septaine : durée caractéristique définie par Steiner de 7 années consécutives dans le même sens d'évolution.

Shiatsu (cf. Do In)

Sophrologie : technique de relaxation fondée sur des exercices de respiration et de gestion de la pensée. Elle est souvent utilisée pour combattre notamment le stress.

Système limbique : système qui comprend le cerveau social primitif ou mammalien (avec principalement l'hippocampe) et notre cerveau le plus archaïque, lié aux émotions négatives et à la survie, le cerveau reptilien.

Au moyen de connexions avec le cortex cérébral, la substance blanche et le tronc cérébral, ce système participe au contrôle et à l'expression des humeurs et de l'émotion. Il est également impliqué dans le traitement et le stockage des souvenirs récents, ainsi que dans le contrôle de l'appétit et des réactions émotionnelles à la nourriture.

Système neuro-végétatif : appelé aussi « système nerveux autonome », c'est tout ce qui, dans notre corps, est dévolu aux actions inconscientes : digestion, battements du cœur, respiration, etc. Il est constitué des deux systèmes, le parasympathique et le sympathique.

Système parasympathique : sous le contrôle du nerf vague ou X (encore appelé « pneumogastrique » à cause de son trajet qui passe tout près des poumons et de l'estomac), ce nerf est le seul nerf crânien qui innerve des organes situés en dehors de la tête et du cou. C'est le nerf qui commande le système parasympathique (système inconscient, dit neuro-végétatif, qui contrôle et régule les grandes fonctions vitales autonomes et qui innerve cœur, trachée, poumons, œsophage, estomac et intestins). Lorsqu'on l'active (en le stimulant sur son trajet, comme en frottant les paupières), on obtient un effet de régulation et d'apaisement.

Système sympathique : le phénomène d'excitation est réflexe et dépend de nerfs de la moelle épinière, les nerfs spinaux. Lorsqu'il est activé, il provoque une sécrétion de médiateurs chimiques excitants, comme l'adrénaline, qui augmente les battements du cœur et provoque des sueurs. Ces signes sont retrouvés, par exemple, lors des crises de panique.

T

TDAH : Trouble du Déficit de l'Attention avec ou sans hyperactivité. Trouble neuro-comportemental caractérisé par des problèmes de concentration. L'enfant qui est aux prises avec un TDAH a des comportements qui nécessitent une plus grande cohérence et une plus grande constance de la part des adultes qui gravitent autour de lui. Encadré de façon adaptée (comme pour les enfants précoces), l'enfant ne développera pas pour autant un trouble du comportement.

Thalamus (un dans chaque hémisphère) : les plus volumineux des noyaux gris cérébraux. Situés en position intermédiaire, ils reçoivent les informations sensitives et sensorielles provenant des autres centres nerveux et les analysent avant de les transmettre au cortex cérébral. Ils servent de relais intelligents et intégrateurs dans la transmission des informations sensorielles (visuelles, auditives, gustatives et tactiles) vers le cortex cérébral, dans la motricité et notamment la coordination des mouvements, dans l'éveil, l'attention et la perception du schéma corporel.
Le thalamus est lié à l'hypothalamus qui a lui aussi plusieurs fonctions importantes, y compris le contrôle de l'appétit, de la structure du sommeil, de la réaction à l'anxiété.

Time's up : « le moment est venu ».

Thymus : le thymus est l'organe lymphoïde (les organes lymphoïdes sont responsables des défenses immunitaires), situé derrière le sternum, devant la trachée, et dont le volume diminue jusqu'à souvent disparaître après la deuxième année de la vie.

TAG : troubles anxieux généralisés.

TOC : troubles obsessionnels compulsifs.

Toucher thérapeutique (*therapeutic healing*) : reconnue aux États-Unis, où de nombreux infirmiers y sont formés, cette notion repose sur le fait que l'être humain est un système ouvert, composé de couches d'énergie en interaction constante avec soi, les autres et l'environnement. Le toucher thérapeutique est une interprétation contemporaine d'anciennes pratiques de guérison par le magnétisme. Le simple fait d'apposer les mains sur eux calme les enfants, surtout si on les a accoutumés à ce genre de contact dès le plus jeune âge.

BIBLIOGRAPHIE

PARTIE 1

B1

Olivier Soulier, DVD « Les microbes »,
Éd. Sens et Symboles, conférence donnée au Forum international des thérapies quantiques, novembre 2011.
www.lessymboles.com

B2

Candice Lévy, *Quels laits pour mon bébé ?*, Éd Souffle d'Or, 2013.

Catherine Dumonteil-Kremer, *Élever son enfant autrement*, La Plage, 2009.

B3

Angelika Kögel, « Les enfants non vaccinés sont en meilleure santé », *Le courrier d'ALIS*, n° 75, déc. 2011-janv. 2012.

Françoise Berthoud, *La (Bonne) Santé des enfants non vaccinés. Au-delà de la polémique !*, Éd. Jouvence, 2013.

Site internet sur les polémiques autour de la vaccination : www.sylviesimonrevelations.com

B4

Albert Cohen, « MILK, The deally poison »
(« Le lait, poison mortel »), pas encore traduit en français.
Site internet : www.notmilk.com.

B5

Catherine Gueguen, *Pour une enfance heureuse : repenser l'éducation à la lumière des dernières découvertes sur le cerveau*, Robert Lafont, 2014.

B6

Willy Barral, *Le Corps de l'enfant est le langage de l'histoire de ses parents*, Éd. Payot, 2008.

Olivier Soulier, *Histoires de vie, messages du corps*, Éd. Sens et Symboles, 2007.

Bruce H. Lipton, *La Biologie des croyances*, Éd. Ariane, 2006.

B7

Joseph LeDoux, *Le Cerveau des émotions : les mystérieux fondements de notre vie émotionnelle*, Odile Jacob, 2005.

B8

Pour les enfants

Claude Steiner, *Le Conte chaud et doux des chaudoudoux*, InterÉditions, 2009.

Mireille d'Allancé, *Grosse colère*, L'École des loisirs, 2004.

B9

Fitzhugh Dodson, *Tout se joue avant 6 ans*, Marabout, 2013.

B10

Boris Cyrulnik, Jorge Barudy, Maryorie Dantagnan et Ines Despature, *De la bientraitance infantile : Compétences parentales et résilience*, Éd. Fabert, 2007.

B11

Isabelle Filliozat, *J'ai tout essayé*, Marabout, 2013, *Il me cherche !*, J.-C. Lattes, 2014.

B12

Jacques Henno, *Les 90 questions que tous les parents se posent : internet, téléphones mobiles, jeux vidéos...*, Éd. SW Télémaque, 2008.

Et aussi, du même auteur, même édition : *Facebook et vos enfants*, 2012.

B13

Jeanne Sciau-Facchin, *L'Enfant surdoué : l'aider à grandir, l'aider à réussir*, Odile Jacob, 2012.

Laurence Lalande, *Au secours mon enfant est précoce. Les signes, les tests, les conseils*, Eyrolles, 2013.

Fabrice Bak, *La Précocité dans tous ses états*, L'Harmattan, 2013.

Valérie Foussier, *Enfants précoces, enfants hors normes ?* Josette Lyon, août 2012.

Et pour expliquer la précocité à l'enfant :

Lénia Major, Louvenn, Sophie Côte, *Zacchary, l'ourson précoce*, Éd. D'abord des enfants, 2005

Claire Grand, *Toi qu'on dit surdoué*, L'Harmattan, 2011.

PARTIE 2

B1

Olivier Maurel, *La Violence éducative, un trou noir pour les sciences humaines*, L'Instant Présent, 2012.

Catherine Dumonteil-Kremer, *Une nouvelle autorité sans punition ni fessée*, Nathan, 2014.

B2

Jeffrey E. Young, Janet S. Kiosko,
Je réinvente ma vie, vous valez mieux que vous ne pensez, Éditions de l'Homme, 2013.

B3

Adele Faber et Helene Mazlish, *Parents épanouis, enfants épanouis,* Relations Plus, 2001.

Parler pour que les enfants apprennent à la maison et à l'école, Éditions du Phare, 2013.

B4

Quelques livres pour représenter les émotions aux enfants :

Cécile Gabriel, *Quelle émotion ?!,* Mila Éditions, 2010.

Mies Van Hout, *Aujourd'hui, je suis…,* Minedition, 2011.

Thierry Robbercht et Philippe Goosens, *La Colère du dragon,* Mijade.

Aline de Pétigny, *Lili colère,* Éditions Pour penser à l'endroit, 2010.

B5

Thomas Gordon, *Parents efficaces,* Poche Marabout, 2013.

Noël Janis-Norton, *Parents bienveillants : développer la coopération et la confiance de nos enfants,* L'Instant Présent, 2013.

B6

Aletha Solter, *Pleurs et colères des enfants et des bébés, une approche révolutionnaire,* Éd Jouvence, 1999.

B7

Jacques Salomé, *Pour ne plus vivre sur la planète TAIRE,* Albin Michel, 2003.
Site internet : www.j-salome.com/01-info/accueil.php

B8

Livres sur la spiritualité et la méditation :

Mathieu Ricard, *Plaidoyer pour le bonheur*, Pocket, 2004.

Jon et Myla Kabat-Zinn, *À chaque jour ses prodiges : être parent en pleine conscience*, Les Arènes, 2012.

Luc Bodin et Maria-Elisa Hurtado-Graciet, *Ho'oponopono, le secret des guérisseurs hawaïens*, Éd. Jouvence, 2011.

Olivier Chambon et Laurent Huguelit, *Le Chamane et le Psy, un dialogue entre deux mondes*, essai (broché), 2011.

Bernard Fontanille, *Médecines d'ailleurs : rencontre avec ceux qui soignent autrement*, La Martinière, 2014.

Stephan Bodian, *Zen ! La méditation pour les nuls*, Éd. First, 2005.

Deepak Chopra, *Les 7 lois pour guider vos enfants sur la voie du succès*, Poche, 1997.

Eline Snel, *Calme et attentif comme une grenouille, la méditation pour les enfants... avec leurs parents* (+ 1 CD audio), Arènes Éditions, 2012.

Christophe André, *Méditer jour après jour, 25 leçons pour vivre en pleine conscience*, L'Iconoclaste, 2011.

Jon Kabat-Zinn, *Où tu vas, tu es*, Poche, 2013.

Méditer, 108 leçons de pleine conscience (avec CD de méditations guidées par Bernard Giraudeau), Marabout, 2011.

Bob Stahl, Elisha Goldstein (membres de l'équipe de J. Kabat-Zinn à l'université du Massachusetts), *Apprendre à méditer : la méthode MBSR à la portée de tous*, Les Arènes, 2012.

David Dewulf, *Mindfullness : la pleine conscience pour les ados*, De Boeck, 2013.

B 9

Jane Nelsen, *La Discipline positive. En famille et à l'école, comment éduquer avec fermeté et bienveillance*, Toucan, 2012.

Audrey Akoun, Isabelle Pailleau, *Apprendre autrement avec la pédagogie positive*, Éd. Eyrolles, 2013.

B 10

Régine Zékri-Hurstel, *L'Alphabet des cinq sens*, Robert Laffont, 2006

Le Temps du goût, Privas, 2010.

B11

Eve Herrmann, *100 activités d'éveil Montessori (1-4 ans)*, Nathan, 2013.

Marie-Laure Viaud, *Montessori, Freinet, Steiner : une école différente pour mon enfant ?*, Nathan, 2013.

Et tous les livres Nathan sur la pédagogie Montessori.

Charlotte Poussin, *Apprends-moi à faire seul. La pédagogie Montessori expliquée aux parents*, Eyrolles, 2011.

B12

Philippe Meirieu, *Apprendre... oui, mais comment*, Éd. ESF, 2012. http://meirieu.com/AR

B13

Pédagogie Steiner :

Rudolf Steiner, *La Nature humaine, fondements de la pédagogie*, Triades, 2002.

Albert Soesman, *Les 12 sens, fenêtre de l'âme*, Triades, 1998.

B14

André Stern, ... *et je ne suis jamais allé à l'école*, Actes Sud, 2011.

Murielle Lefebvre, *365 jours d'école à la maison, réussir l'instruction de vos enfants sans école*, 2009.

PARTIE 3

B1

David O'Hare, *Cohérence cardiaque 365 : guide de cohérence cardiaque jour après jour*, Thierry Souccar Éditions, 2012.

Dr David Servan-Schreiber, *Guérir le stress, l'anxiété et la dépression sans médicaments ni psychanalyse*, Pocket, 2011.

B2

Yoga de Mantak Chia, *Tao Yin*, Guy Trédaniel éditeur, 2000.

B3

Olivier Lockert, Patricia D'Angeli, *L'Hypnose humaniste pour tous*, Poche, 2014
www.ifhe.net

B4

Sophie Merle, *L'EFT pour tous : Psychologie énergétique, le livre pour se libérer des blocages et troubles émotionnels*, Médicis, 2008.

B5

Sophie Damoun, Dr Danielle Dumonteil, *L'ABC de l'EMDR, la thérapie des émotions*, Grancher, 2005.

Quelques sites fiables sur la parentalité bienveillante et la pédagogie positive pour étoffer constamment ses connaissances, ses outils d'éducation et de communication :

http://lesvendredisintellos.com

www.ensemblenaturellement.com

www.canalvie.com

www.psychanalysemagazine.com

http://etre-parent.com

http://jarretederaler.com

www.parentsefficaces.info

http://bruxelles-les-oies.blogspot.fr/2014/03/communication-non-violente-des-livres.html

www.disciplinepositive.fr

www.lafabriqueabonheurs.com

www.parentsefficaces.info

http://bruxelles-les-oies.blogspot.fr/2014/03/communication-non-violente-des-livres.html

Sur la pédagogie positive :

www.lafabriqueabonheurs.com

www.psychologie-positive.net

et aussi…

www.meditationenfant.com

LES AUTEURS

Christine Coquart est médecin homéopathe, phytothérapeute, spécialisée dans le soin aux enfants et aux femmes enceintes. Elle a également suivi un cursus de psychologie et s'intéresse de près à la sphère du psychisme et du développement personnel et spirituel.

www.docteurchristinecoquart.com

Catherine Piraud-Rouet est journaliste, spécialisée dans la parentalité alternative.

Anne-Marie Siles est psychologue, psychothérapeute spécialisée dans les thérapies cognitives et comportementales à Lyon.

amsilespsy@gmail.com

Nathalie Andry est art-thérapeute.

nandry@free.fr

Nathalie Jallot est formatrice en shiatsu auprès d'assistantes maternelles et praticienne à Lyon.

Achevé d'imprimer en mai 2014
sur les presses de la Nouvelle Imprimerie Laballery
58500 Clamecy
N° d'éditeur : 10197831
Dépôt légal : juin 2014
N° d'impression : 402385

Imprimé en France

La Nouvelle Imprimerie Laballery est titulaire de la marque Imprim'Vert®